シベリア記

遙かなる旅の原点

加藤九祚

論創社

加藤九祚とシベリア

川崎　建三

　加藤九祚は一九二二年五月一八日、韓国慶尚北道に生まれた。貧家のため幼少時から働くことを覚えたが、苦ではなかった。父親の教育で五歳から「千字文《せんじもん》(1)」を習い、家事万能であった母親のため小説を読んで聞かせた。十歳の時に、山口県宇部市で働いていた長兄と暮らすため、両親と別れ日本に渡った。宇部では小学四年生に編入し、六年生の時に生徒代表に選ばれた。その後、鉄工所で働きながら向学心をもち勉強を続けた。努力の末、上智大学の予科に入学。ドイツ語を専攻し、哲学者を夢見た。二年後の一九四四年、志願して入隊し、陸軍工兵学校に入り訓練を受けた。

　一九四五年四月、見習士官として大陸に送られた。同年八月、満州東南部の敦化で終戦を迎えた。二十三歳の工兵少尉は六〇万人の日本兵の一人としてソ連軍の捕虜となった。加藤はドイツ語で会話ができた。ソ連邦の軍人から日本兵のシベリア行きを告げられる。哲学青年だった加藤はパスカルの「人間は考える葦である」との言葉を思い出した。「シベリアに行ったら帰れないかもしれないが、どういう風にして死ぬのかを知って死にたい」。加藤は言葉の必要性を直感した。それから汽車に乗せられシベリアへ向かった。途中の駅で地元の子どもたちから、ノートと交換に古い教科書を手に入れた。ロシア人をつかまえては言葉を習い、教科書を暗記した。後年、加藤は自身のロシア語がブロークンだと謙遜していたが、ロシア語話者を魅了する語彙力と表現をこの抑留時代に体得した。その後加藤は、シベリアの各地を転々とし、収容所で集団生活を続けながら強制労働に従事した。零下五〇度になるシベリアで過酷な抑留生活を強いられながらも、加藤は仲間に励ましを送り続けた。また帰国への希望を持つように励ましてくれたソ連邦の軍曹の言葉を胸に深く刻んだ。この軍曹からエセーニンの詩句を教わった。

一九五〇年四月、ついに明優丸《めいゆうまる》で帰国する。四年八か月のシベリア抑留を終え、加藤は二十八歳になっていた。上智大学に復学し赤貧のなか、恩師と慕う小林珍雄《よしお》や濱徳太郎に教えを受け卒業した。卒業後、小林の紹介で平凡社に入社する。

もし生きて帰ることあらばなにせんと焚火かこみて友と語りし(2)

加藤は思索し答えを見つけた。「もし生活が安定すれば、ただただ学問のために、新しいことをもたらす実践を」。帰国後、シベリア抑留を「留学」と捉え直し、ロシア語を武器に翻訳と研究、著作活動に取り組んだ。加藤は発想の転換の達人である。この発想の転換のきっかけとなった人物こそ、加藤が生涯を通じて憧憬した十九世紀のロシアの探検家プルジェワルスキーであった。その後のシベリア研究、そして中央アジアでの発掘調査の活動において、加藤に強い影響を与えた人物と言っても過言ではない。

帰国五年目の一九五五年にはR・ガロディーほか著『實存主義批判』と『ソヴェト大百科事典　第二次世界大戰』（ともに青木文庫）を翻訳している。加藤は一八年間勤めた出版社時代に編集だけでなく全国の書店や大学へ営業に赴いた。仕事のかたわら、余暇や移動中の電車・バスの待合室でも辞書を片手に学術書や論文の翻訳に勤《いそ》しんだ。加藤は一九六〇年までに、ソ連邦の考古学に関する論文集の訳稿を仕上げた。出版社数社に持ち込んだが、引き受けてはもらえなかった。翻訳には膨大な時間と労力を要した。加藤は風呂敷包みの訳稿を手に考え込んだであろう。しかしこの原稿は後に作家井上靖が強く関心を寄せるところとなった。加藤はその価値を再認識し清書した手稿をガリ版刷りし、『ソグドとホレズム』と題して自費出版した。そして一九六九年、『西域の秘宝を求めて』（新時代社）の出版へと繋がる。訳稿をまとめてからおよそ一〇年が経っていた。

一方、加藤の最初の著書は『シベリアの歴史』（紀伊國屋新書、一九六三年）である。加藤の研究の原点はシベリア抑留体験にあり、関心はシベリアの歴史、地理、民俗学等の幅広い領域に及んでいった。なかでも、加藤が着目したのは、江戸時代に難破してシベリアへ漂流した大黒屋光太夫の記録、桂川甫周《かつらがわほしゅう》著『北槎《ほくさ》聞略《ぶんりゃく》』であった。加藤は自分たちが戦争のため運命に翻弄され、極寒のシベリアで生死を彷徨《さまよ》った体験を、一七〇年前の光太夫らの運命に重ね合わせ、この記録を肌感覚で読むことができた。後年、加藤が井上靖に『北槎聞略』を紹介したことがきっかけで、井上靖著の小説『おろしや国酔夢《すいむ》譚《たん》』が誕生した。同小説は日本とロシアの合作になる緒形拳主演の映画で上映された。この作品をめぐって、加藤は次のように記している。(『おろしや国酔夢譚』で描かれた)「シベリア生活の細部は、私たちがブラーツクの第二八分所で体験したことである。私は(井上靖)先生のペンを通じて、光太夫像の中に私たち〝シベリア帰り〟の体験が生かされたことを喜んでいる。『酔夢譚』という名作が永遠に残ることは疑いないし、私たちの体験もまたこの中で生き続けるはずだからである(3)」。

自分の意志とは無関係に、シベリアへ漂流し、帰国後、幽閉された光太夫らが遺したシベリアでの観察記録は加藤にとって特別の意味を持っていた。加藤は自身のシベリア研究を博士論文『北東アジア民族学史の研究—江戸時代日本人の観察記録を中心として』にまとめ大阪大学に提出、学術博士号を取得した。

本書第I部の『シベリア記』は一九七〇年から七四年にかけて発表され、一九八〇年に潮出版社から発刊された。加藤はシベリア抑留体験の総括にあたり、体験記の枠を出て、日本とシベリアの関係史の中での捕捉を試みる。光太夫らの場合とは逆に国または個人の意思でシベリアに渡った明治—昭和期の人物に焦点を当てる。加藤は都築《つづき》小三治《こさんじ》(4)の日記や資料からその足跡を辿り、一庶民の都築が激動の時代にあって辛苦を超えてロシアと日本の架け橋となった事績に着目する。第I部の最後(第四章)に綴られた三人の抑留者の逃亡をめぐる悲惨な出来事は加藤の生き方に決定的な影響を与えた。晩年加藤はインタビューにこう答えている。「死んだ方がましなくらいの苦労もあれば、耐えがたい悲しみもある。それを経てもなお〝人生はいいものだ〟と思える人間になりたい(5)」と。

発刊から十年後、加藤は、ロシアや中央アジアの友人らの協力を得て『シベリア記』をロシア語に翻訳した。ソ連邦崩壊直後の一九九二年、『СИБИРЬ《シビーリ》 В《フ》 СЕРДЦЕ《セールツェ》 ЯПОНЦА《ヤポーンツァ》』(日本人の心のシベリア)と題しロシア科学アカデミー・シベリア支部の叢書としてノボシビルスクで出版された。加藤はロシア語版では原書にないエピソードを加筆したことやロシアの人々にこそ読んでもらいたいとの心情を語っていた。その後、このロシア語版も題材にした日露共作の戯曲『シベリアに桜咲くとき』が二〇一一年に日本で上演された。

加藤の学問的関心はシベリアから中央アジア、コーカサスへ、民族学から考古学へと広がっていった。平凡社を退社後、上智大学、上智短期大学、国立民族学博物館、相愛大学、創価大学で研究を行った。研究対象はユーラシア全土に及んだ。加藤は、先史時代から現代に至るまで文化史全般に通暁し、「学究者」としてひたすら学問の道を歩んだ。

一九八八年、六八〇万人超が来場した「なら・シルクロード博覧会」でソ連領の仏教文物を将来したことを機に、翌年、加藤は中央アジアで遺跡の発掘調査に着手した。中央アジアの大河アム・ダリヤ以北には古代から中世に属する遺跡が多数存在する。そのなかには、仏教遺跡もあり、加藤はウズベキスタンの考古学者らと古代の仏教遺跡の発掘調査を実施した。一〇年が経ち、大学を退職後も自費を投じて発掘を続けるなか、中央アジア最大の仏教遺跡カラテパで大型仏塔の基壇を発見した。これを機に薬師寺に後援会事務局が置かれ、全国の友人知人らが加藤を支援した。この草の根の支援を得て、加藤は七十六歳から九十四歳まで毎年、発掘現場に足を運んだ。遺跡が軍事基地のなかにあり、訓練が行われる日は衛門で炎天下に何時間も待たされることもあった。待ち時間や発掘の合間には、地面に座り歌を詠む加藤の姿がしばしば見られた。

シベリアの凍土に眠る友偲びつつ熱砂の下に仏跡掘る日々(6)

加藤は、〈自分はシベリアでなくなった仲間とともにある、彼らの分まで働くのだ〉との思いを強く抱いていた。発掘現場では自らスコップをもち、時には二十代の若い作業員とともに掘り出した土を一輪車で運び出すこともあった。荷物や機材も人任せにせず、体力の続く限り自分で持ち運んだ。また人一倍酒に強かった。発掘作業のあとは仲間と「アザミの歌」を愛唱し、晩年はこの曲のメロディーに合わせ「カラテパ発掘の歌」まで作詞した。深酒をしても翌日は早朝から翻訳を行い、発掘現場に向かうのが常であった。

二〇一二年、卒寿を迎えた加藤は、翌年から立正大学発掘調査隊の顧問の立場で遺跡に立ち続けた。この頃、加藤は『カザフスタンと中央アジアの歴史』というロシア語の大著の翻訳に取り組み始めた。加藤が生涯に発表した著作物は三五〇点に及ぶが、全六〇〇頁からなる同書が加藤にとって最後の大仕事であった。二〇一六年六月、加藤夫妻の長寿を祝し、かつての教え子たちが集《つど》った。加藤は次のように語った。

（この本は）遠い石器時代からソ連崩壊まで書かれている。私はソ連時代に若い時代に捕虜としてソ連の中で過ごしていました。だから、あのような、社会制度と生活が、どうして多くの血を流して出来上がった生活が一夜のうちに消えていくのか。それに興味を持ちました。だからその場にあった人がどういう意識をしているかということが知りたい。そこから今の大きな本の翻訳を始めたのだけど、もうあれから三年が経ちました。四五〇頁くらいは訳しました。命のある間にできるかわからないが、翻訳を完遂させたい。

そして最後にこう述べた。

偉い人の気持ちではないが、惜しもうと惜しむまいと、時は流れていく。時に止まれとはいえない。全ては過ぎ去っていく。だが私は生きた軌跡を残したい。生きている間、精一杯みんなと仲良く生きて、自分の残せるものは残していくという努力をしていきたい。（学生と一緒に学んだ）六十代後半からが私の青春時代でした。

加藤が教え子に語った最後の言葉であった。加藤は時間を惜しむように、翻訳を進めていた。この二か月後、加藤は翻訳のための資料収集と発掘調査のため中央アジアへ向かった。そして九月十一日、発掘調査中にテルメズの地で倒れた。書斎には翻訳中の原書と手稿、そしてかつて抑留時代に軍曹から教わったエセーニンの本が残っていた。加藤は生涯シベリア抑留の意味を考え続けていたのである。あらゆる逆境を跳ね返し、人との縁を大切にし、最期まで生き抜く姿勢を示した人が加藤九祚であった。母親を慕い詠んだ歌が歌碑となり、兵庫県の香寺《こうでら》民俗資料館にある。

畚《ふご》(7)に鎌　赤切れ手もて　飼葉せし　馬のぬくもり　今に忘れず

（かわさき・けんぞう／東洋哲学研究所委嘱研究員）

（1）中国六朝時代につくられた千字の漢字による詩文。識字と習字の教材として用いられた。
（2）加藤九祚の詠んだ歌（以下、太字は同じ）。加藤九祚『アイハヌム２００１―加藤九祚一人雑誌』東海大学出版会、二〇〇一年、後付けⅰ―ⅴ頁。
（3）加藤九祚「『おろしや国酔夢譚』をめぐって」『おろしや国酔夢譚』［毎日グラフ別冊］、毎日新聞社、一九九二年、六一頁。
（4）一八六九―一九四六。長野県松本生まれ。写真師。本書第Ⅰ部第三章に詳述。
（5）「〈インタビュー〉奇跡の文化人類学者　加藤九祚さんの九十四年」（『こころ』ＶＯＬ32　二〇一六年、平凡社、五五頁）。
（6）同前『こころ』五四頁。
（7）ふご。物を入れて運搬するために用いる竹や藁で編んだかご。

シベリア記——遥かなる旅の原点／目次

III　加藤九祚の歩んだ道

装画（カバー・表紙）＝乙部　亮
装幀＝安田真奈己

I シベリア記

佐藤清画《深夜の点呼》

ム鉄道付近概念図

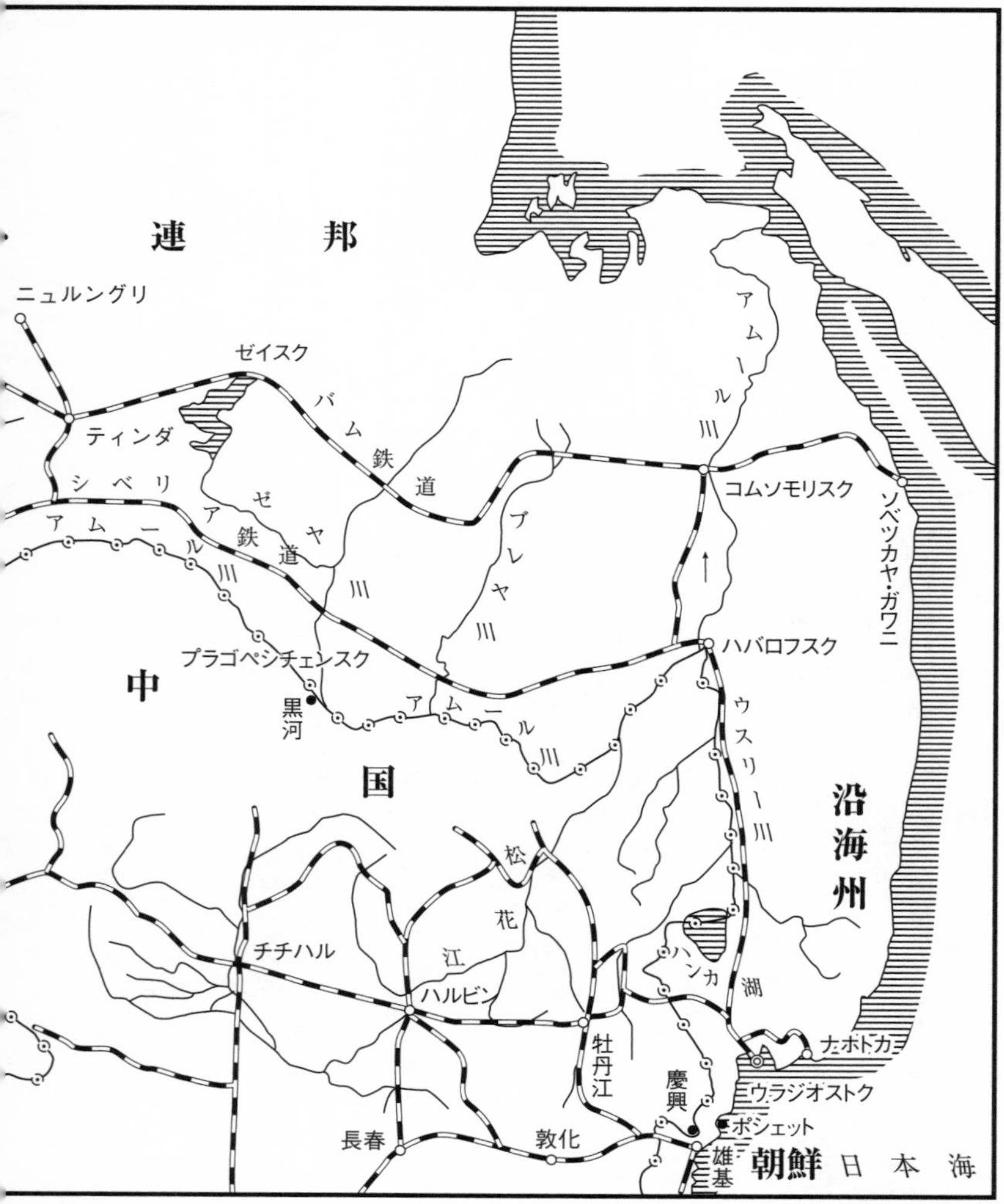
連　　　邦
ニュルングリ
ゼイスク
バム鉄道
ティンダ
シベリア鉄道
アムール川
ゼヤ川
ブレヤ川
アムール川
コムソモリスク
ソベツカヤ・ガワニ
ハバロフスク
プラゴベシチェンスク
中
黒河
アムール川
ウスリー川
国
沿海州
松花江
チチハル
ハンカ湖
ハルビン
ナホトカ
牡丹江
ウラジオストク
慶興
ポシェット
長春
敦化
雄基
朝鮮
日　本　海

シベリア鉄道東部

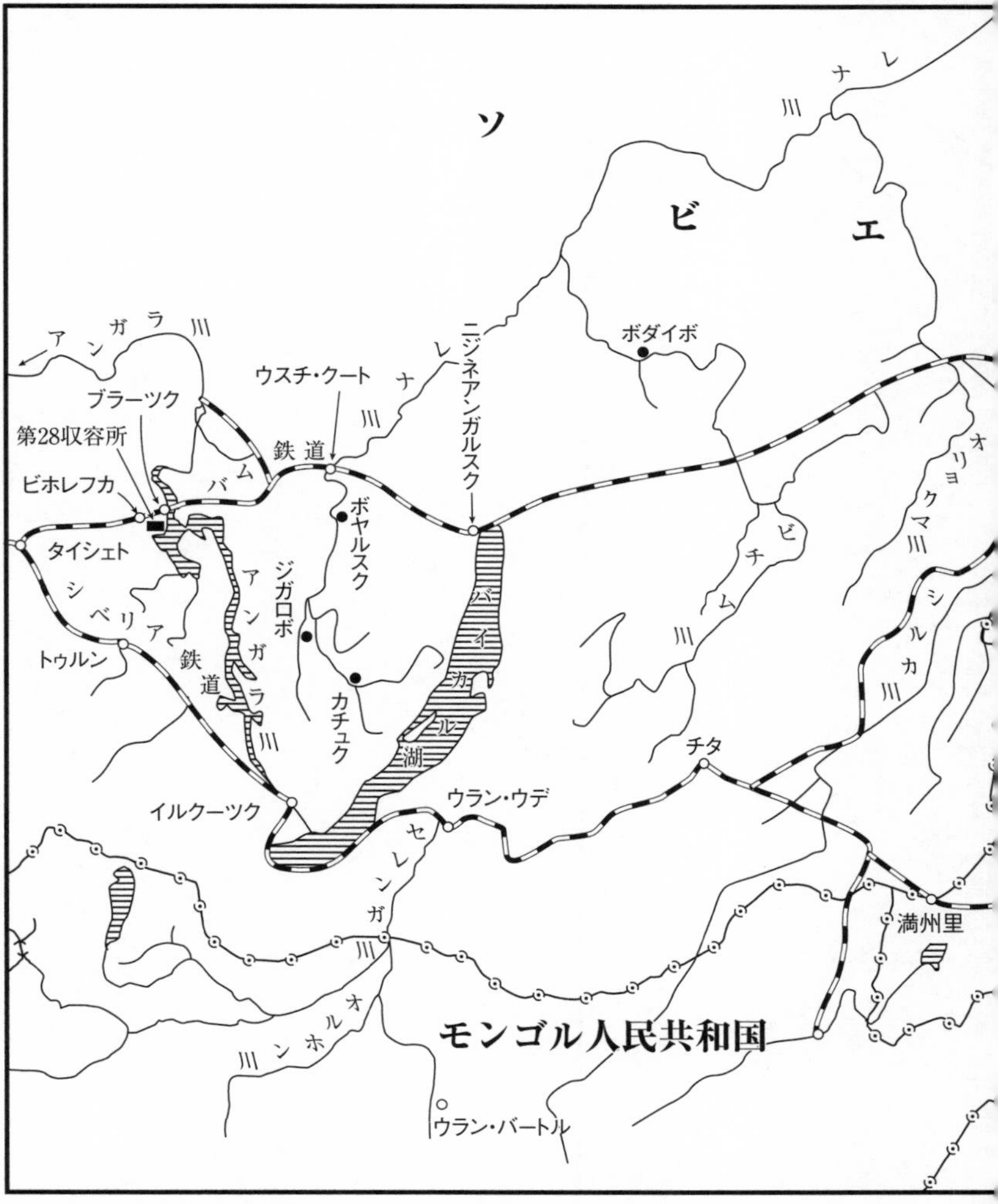
ソ
ビ
エ
アンガラ川
ブラーツク
第28収容所
ビホレフカ
タイシェト
シベリア鉄道
トゥルン
バム
鉄道
ウスチ・クート
レナ川
ニジネアンガルスク
ボダイボ
ボヤルスク
ジガロボ
アンガラ川
カチュク
バイカル湖
イルクーツク
ウラン・ウデ
セレンガ川
チタ
ビチム川
オリョクマ川
シルカ川
満州里
オルホン川
モンゴル人民共和国
ウラン・バートル

九祚さんの学問と人間

司馬　遼太郎

文化人類学というのは、学才以外に徳がなければできない学問だと思っている。徳というのは儒教の五常の総称のようなものだが、仏教の慈悲、キリスト教の愛のようなものだといってもいい。

人間はいろんな性格や価値観を持ち寄って社会を構成している。そういう人間のう、わ、べでもって研究者自身の好悪や正邪をきめるのがこの学問ではあるまい。人間どもはそれぞれ生命という厄介なものをかかえている。それらの生命を、集団としての暮らしという体系のなかで守りあってゆくのが、文化であるとされる。文化人類学は、それらの生態、形態、伝統、あるいは意味あいを探求する。

探究には、上からの、あるいは先進文化に属する者の水位から発した詮索という態度もありうる。

しかし、日本にあっては、すこしちがうように思える。柳田、折口の時代にはさほど鮮明ではなかったが、とくに今西錦司博士が主唱した場でできあがった探究のふんいきというのは、対象に対しおなじ厄介ないのちを持った人間として、互いに生物レベルでいたわりあうという接触態度が基礎になっている。徳や、慈悲もしくは愛のない研究者は、他の科学とはちがい、この分野には参加しがたいように思われる。

そういう意味で、まことにふしぎな学問ができあがったものだと思うが、加藤九祚という研究者は、天性、この学問を耕やすことに素質をもって生れついておられるということに、私などしばしば目を見はらされる思いがしている。

以前、民俗学者ネフスキーの研究で「大佛次郎賞」をもらわれたとき、そのお祝いの会が大阪の堂島の朝日新聞の会館でおこなわれた。

出かけてゆくと、大変な盛会だった。石毛直道氏や松原正毅といった加藤さんとおなじ研究仲間の方々がおられたが、そうではなさそうな、町のおじさんといった感じの人たちが半数ほどもいて、加藤さんをとりかこんでいた。

やがてそれらの人達の代表がスピーチをされたからわかったことだが、シベリアの抑留仲間だった。

私も、兵隊のある時期が、旧満州であった。

ソ連が参戦する寸前に連隊ごとその地を離れて日本の関東地方に帰ってきたため、私は戦死もせず抑留されることもなくて済んだ。しかし、そういう運命になった知人が多いためにひとごとならぬ傷みを感じつづけている。

シベリア抑留とは言葉はきれいだが、実態は古代の戦時奴隷そのもので、それよりもあるいはひどかったかもしれない。当時の日本国は、敗戦の結果による連合軍の占領下におかれた非独立国だったために、これに対して国家としての抗議はしなかった。まことに痛ましいことながら、棄民だったといっていい。

ああいうなかでの精神や感情の生活は、それを経験した者でないとわからないといわれているが、むろん、軍隊当時の階級などは通用せず、そういう秩序が崩壊したあと、素朴な暴力をもった者が仲間の奴隷を支配したり、ソ連側の権力の末端に密着した者が、準ソ連人のようなかたちで君臨したりしたといわれる。さらには内部抗争、暴発、暴発未遂などといったことが、どの収容所にもあった。

スピーチに立ったその人の言葉を、来会者の肩ごしに聴いていると、

「そのつど、加藤さん――加藤さんは私どもの隊長さんでした――が、われわれに、ね、帰りましょう、一人残らず元気でくにに帰りましょう、それが唯一の目的じゃありませんか、と繰りかえし優しくさとされた。加藤さんのそういう愛情がなかったら、われわれはどうなっていたかわからない」

という旨の言葉が、耳に入った。語っている人が、そのときの加藤さんの口真似をされるのだが、それをきいていて鮮やかな驚きをおぼえたのは、

（九祚さんはそのころからそうだったのか）

ということであり、

（この人には、擬態もなにもなく、そういう境涯の中でもいまのようにして生きておられたのか）

ということであった。

九祚さんは、抑留中に田舎のロシア語を勉強された。北アジアの研究者としてソ連でひとに接触されるとき、この田舎発音がなんともいえずむこうの人に親しまれるというが、言葉もさることながら、世界中のどの文化に属する人がみても、九祚さんの人柄というのはわかってしまうのである。その人柄の持主が、日本でいえばダンベイ言葉のロシア語で話すというのは、先方にとってたまらない魅力であるにちがいない。私がロシア人ならそういう感じがわかるのにと思うと、なにやら口惜しいような思いがするほどである。

この稿の結論は、すでに冒頭でのべてしまっている。

この人が、その専門分野である北アジアの少数民族の人や文化に接しつつ、この人の学問の方法の中に融けこんだ人間というものがどれほどの働きをしているかということは、論文のかたちになったときは除去されてしまってわからない。そのことは、このような学問以外の文章によって知るよりほかなく、われわれはそういう意味からこの本を得難いものに思うのである。

はじめに

本書は、一九四五—五〇年にわたるわたしの貧しいシベリア抑留体験を、三十年後の今、わたしなりに総括しようと試みたものである。いわゆる「シベリア帰り」は数十万の多数にのぼり、そのひとりひとりが「自分自身のかけがえのない体験」をもっているはずである。その体験を記述にまとめた人も数多い。しかもその大部分が自費出版のようである。それほど、シベリア体験は強烈な印象を人びとに残したのである。

わたしもまた帰国直後から、シベリアでのいくつかの忘れられない出来事を書きとめてみた。集めれば数百枚になるだろう。しかし、いわゆる体験記にはどこまで行っても限界がある。そこでわたしは考えた。体験記の枠から抜け出なければ、体験そのものの意味もわからないのではあるまいか、と。それに、抑留中のいろいろな出来事は、この本にのせた忌まわしい一事件と並列してみると、なにを書いても影がうすくなってしまう。

わたしは別の考え方に立ってみることにした。すなわち、わたしたちのシベリア抑留は、歴史的にみれば、明治以後終戦までの日本の大陸政策につながっているという視点である。「ソ連はひどい」という「呪咀《じゅそ》」だけでは、ことの本質はつかめないということである。「シベリア抑留」の直接の前史として、実は戦後におけるアメリカのベトナム派兵と瓜二《うりふた》つともいうべき「シベリア出兵」があったのである。日本のシベリア派遣軍の第一梯団《ていだん》（約一万二千人）がウラジオストクに上陸したのは一九一八年八月十二日であり、そこからの最終撤兵は一九二二年十月二十六日であった。ピーク時の兵力は七万三千に達した。わたしたちがソ連軍に抑留されたのは、日本軍のシベリア出兵からちょうど二十七年目にあたり、シベリアのロシア人たちにとって、その記憶は、今のわたしたちのシベリア抑留記憶と同じ程度に鮮明であったはずである。

しかし、だからと言ってわたしは、日本人を強制労働のためにシベリアへ連行したソ連の政策がよかったと言っているのではない。あの政策は、日本のシベリア出兵が愚であったと同じように、ソ連の失敗であったと思う。日本人俘虜《ふりょ》を強制労働に駆りたてて得た利益よりも、それによって得た長期にわたるソ連についての心象的マイナスの方が大きかったとわたしは思う。

わたしは、軍歌も戦記物もあまり好きでない。過去のことをつらつら考えることもあまり好まない。これはもしかしたら、帰国直後の一九五〇年、占領軍司令部によばれて、シベリア事情について訊問され、嘘発見器にかけられたせいかも知れない。わたしはシベリアでソ連のゲ・ペ・ウ（当時はチェカーと言った）の取調べをうけ、日本では一カ月あまりにわたってアメリカ軍に訊問されたのである。そのとき、思い出すことの苦しさを、いやというほど味わわされた。しかし、本書が一種の「抑留体験記」であるとすれば、わたし自身のことについて、わずかでものべる必要があるだろう。

わたしは終戦の年（一九四五年）三月末、当時千葉県松戸市にあった陸軍工兵学校を卒業、工兵見習士官として関東軍に配属され、まずソ連領と北朝鮮との国境を流れる豆満江沿いに陣地を展開していた混成第一〇一連隊（当時の連隊長・山内静雄大佐）に配属された。この部隊は、張鼓峰事件で有名な張鼓峰の正面を含む長い国境線を受け持っていた。連隊本部は、南陽から雄基港へ通じる鉄道（咸鏡本線の一部）の一小駅、青鶴にあった。青鶴洞は、本書の中に出てくる朝鮮人金鱗昇*の故郷である慶興郡慶興面に属し、鉄道はこのあたりで豆満江からかなり遠ざかっていた。しかし、一つ南側の駅である四会はもはや河岸に近く、あたりの畑は川の沖積土でよく肥えていた。付近での軍事演習のときなど、朝鮮の老農民が演習中のわれわれ兵隊のことに気づいているかのような、また無視するかのような顔つきをして、ゆうゆうと鍬を動かしていたことをおぼえている。連隊本部のすぐそばに、小さな「連隊付」の女郎屋があったが、わたしにとっては休日などに汽車で約四〇キロ隔たった雄基港まで出て、安い魚料理を食べる

金鱗昇　外務省資料「公文録」明治九年・第百九十五巻に「外務省御雇金鱗昇御手當渡方ノ義」があり、「月給金三十圓を支給」とある。第一章で詳述。

ことが楽しみであった。雄基は地形にめぐまれ、満州奥地と日本とを結ぶ重要な港として活気にあふれていた。わたしはたまたま雄基の女郎屋の経営者と知り合いになり、何度かご馳走になった。その人は、自らはそういう商売をしながらも、わたしには決して「女性」をすすめようとしなかった。この部隊での思い出は、何回かの軍事演習と、数人の初年兵を教育したことだけである。

この年の六月、わたしは満州敦化に新たに編成された第一三九師団の工兵連隊要員として転属させられた。師団長は、フィリピン方面航空軍司令官だった富永恭次中将で、連隊長は横澤鉄郎という工兵の少佐であった。富永将軍は、フィリピン方面での戦況悪化の責任をとらされたという、もっぱらの評判であった。わたしは連隊本部付通信班長という任務をあたえられ、二十―三十人の部下の教育にあたった。七月の終わり頃だったか、あるとき敦化の飛行場の一隅で匍匐《ほふく》前進の訓練をしていたとき、馬に乗った富永師団長と副官の一行に出会った。将軍は、どちらかと言えば小がらだったように記憶している。わたしは軍隊のならいにしたがい、兵隊をそのままの状態に静止させ、状況を師団長に報告した。すると、なんと意外な言葉がかえってきた。

「無理な訓練をすることはない。からだを大切にせよ」

当時のわたしには理解できなかった。爆薬を抱いての肉薄攻撃の訓練に終始していたわたしたちにとっては、まさに不可解であった。あとになって、富永将軍はそのとき、日本の降伏がま近いことを知っていたのだ、と思うようになった。それに比べると、石頭予備士官学校の場合のように、入隊したばかりの候補生を何百人もソ連軍の戦車につっこませて、むざむざと死地に追いやった指揮官たちの責任は、極めて重大であると思う。それとも富永将軍は日本軍の中枢部にいたから、特別だったのだろうか。そんなことはない。当時の装備をもっては、候補生部隊はもとより、歴戦の部隊でもソ連軍の前ではひとたまりもないことは、誰の目にも明らかであった。ひどいことをしたものだと思う（わたしは、石頭予備士官学校の生き残りの候補生たちとシベリア抑留でいっしょであった。彼らから話をくわしくきいて知っているのだ）。

これも七月の終わり頃だったと思う。当時、ソ連軍の進攻は日本側もある程度予期していた。関東軍では、ソ連軍が進攻した場合、長白山脈方面に下がって、長期にわたって抵抗する作戦がたてられていた。そのためにまず十人くらいの小探検隊が派遣されることになり、わたしは工兵出身ということで、その隊長に選ばれ、コルト三型のピストルまであたえられ、出発の日も定められた。予定通り出発していたら、わたしはおそらく死んでいたことだろう。ところが、ソ連軍の進攻とともに急遽《きゅうきょ》、計画は変更になり、工兵連隊全員が数百人の中国人労務者とともに、先発隊として安図方面へ南下、大部隊移動の準備にかかったのである。これは道を整備したり、渡河点を定めたりする作業をともなった。必要な場合には架橋の準備もした。同行の中国人労務者たちは地下足袋で行軍したため、足の裏がべたにまっ白くまめになっている人も少なくなかった。

わたしたちはこの南下作戦の途中、終戦の命令に接し、急いで敦化に引返した。八月二十日頃である。ソ連軍の姿はまだなかったが、軍命令によって武器を敦化の飛行場に積みあげることになった。武器とは言ってももはや、軍刀、小銃、ピストルぐらいのもので、小銃の数も全員にはなく、弾丸もほとんどなかった。

ちょうどソ連軍の入ってくる前夜だったと思う。わたしは敦化のパルプ工場警備の命令をうけ、一個小隊をつれて任務についた。ここには日本人の民間技術者の社宅があり、多数の婦女子がいたので、周囲の不穏分子から彼らを守るために、各連隊交替で警備にあたったのである。この警備隊には銃と弾薬があたえられた。警備の総指揮には、関東軍司令部からと思われる参謀肩章をつった中佐が派遣されていた。

その夜は、夜通し不穏であった。ときおり闇の中で銃声がした。中佐はわたしたちに指示をあたえた後、貴賓室でくつろいでいた。彼は、でっぷりした大がらな人で、どういうわけか純絹の軍服を着用していた。

パルプ工場の周辺には、どこからやってくるのか、大勢の中国人たちがろぞろと群がっていた。たいていは若い、あるいは中年の男たちであったが、そのほとんどが肩や手に大きな袋を持っていた。この中になにかを入れて帰るつもりだろうか。武装していたわたしは、中国語のできる部下の兵隊を通じて、いったいなんのためにやってきたのかきいてみた。すると、ひとりの青年が機先を制するように、つかつかと近づいてきて、上手な日本語で言った。

「大東亜共栄圏ですよ。五族協和はいいですね」

わたしはなんとも複雑な気持になって、まじまじと彼の顔を見つめた。

翌日の昼頃、わたしたちは任務を終わり、飛行場の下の川っぷちに天幕生活をしていた原隊に帰るべく行動を起こした。そのとき、わたしたちははじめてソ連軍に出会った。泥だらけのジープに、ほこりにまみれた将校や兵隊が自動小銃をかかえて乗りこんでいた。わたしたちはその足で敦化飛行場におもむき、武器を積みあげた。

その後、敦化付近の仮収容所にいたとき、パルプ工場勤務の日本人たちから、在留邦人の痛ましい話をきいた。それによると、わたしたちがパルプ工場を去ってまもなく、数名の部下をしたがえたソ連軍の一大尉が例の絹服の中佐と会談した。むろん、中佐はほとんどまる腰であった。ところが中佐は大尉に向かって、もっと上級の軍人をつれてきてほしいと言った、大尉は「わかった」と言っていったん出て行ったが、数分後武装した自分の全中隊をひきつれてきた。上級軍人の代わりに、自分の手持ちの武力を動員したのである。武力の前には階級もへちまもないのだ。そして中佐に自動小銃をつきつけ、「十分間以内に工場構内の成人男子をすべてここに集合させよ」と命じた。男子たちはみんな、とるものもとりあえず集まったが、これが長期、あるいは今生の離別になるとは誰も思っていなかった。男たちはそのまま工場の塀の外に連れ出され、飛行場のそばの川べりに収容された。残された女性たちの一部は掠奪《りゃくだつ》や凌《りょう》辱《じょく》をうけ、自ら命を断った人も少なくなかったという。

わたしたちは、ほとんど九月じゅう、沙河沿で収容所生活を送り、九月末、朝夕めっきり冷えこむようになった頃、牡丹江方面へ向かって移動を開始した。作業大隊ごとに、毎日の食糧にするために、生きた牛を十数頭つれていた。牛は昼間はわたしたちといっしょに歩き、夕方は屠殺された。約三百数十キロの道のりだった。わたしたちの多くはそのとき、ウラジオストク経由で日本に帰国できるとの希望的観測にひたっていた。

それより前、収容所生活のはじめ、わたしは横澤連隊長の副官ということで、将校団の一員として、ずっと隊長のそばについていた。九月中頃のある日、将校団はソ連軍から、作業大隊(千人単位)の隊長要員として、工兵出身の将校を提供するように求められた。そこで横澤少佐(一階級昇進して中佐)は、わたしを「手ばなす」ことにした。ところが、その作業大隊にはすでに中尉がいることがわかり、少尉であるわたしは行くことを拒んだ。すると、横澤中佐は仲間の高級将校と相談して、わたしを中尉に「昇進」させることにし、衆目の前でわざわざ階級章までつけてくれたのである。どさくさの中のことで、若いわたしはあまり考えずに引きうけたが、これがわたしにとって長い間心の「重荷」になった。戦争は終わり、軍隊は解散したはずなのに、つまらないことをしたものだ。あのとき、よし中尉や大尉が同じ作業大隊の中にいても、わたしは少尉のままで命ぜられる任務につけばよかったのである。シベリア帰りの仲間の一部は、いまだにわたしを「中尉」と思っているが、その「中尉」の真相は以上のようなものである。部隊長命令ではあったが、今なおわたしにとっては不愉快な思い出の一つである。この作業大隊およびその後の作業隊の仲間の多くは帰国しているので、この際、この事実をはっきりしておきたいと思う（横澤中佐にはそれっきり会っていない）。

さて、話はそれたが、沙河沿から牡丹江への行軍の途中、わたしたちとは逆に牡丹江方面から南下する日本人のグループに何度も出会った。ほとんどは婦人や子ども、老人たちであった。彼らはみな着のみ着のままのやつれた姿で、炎天の下を汗と泥にまみれて歩いていた。

あれはたしか鏡泊湖の岸辺、東京城のあたりでのことだったと思う。にごった湖面は、風もないのに波立っていた。わたしたちの梯団と婦人たちのグループとがすれちがうときに、子どものひとりを背負い、もうひとりの手をひいた一女性がわたしにこう言った。「兵隊さん、私たちを捨ててどこへ行くの？」

この一言はわたしの心に深くつきささった。それは今の今まで、刺《とげ》のようにささったまま残っている。わたしが本書を書くにいたった動機の一つも、実はここにある。

この言葉は多くの意味を含んでいる。第一には、日本の大陸派遣軍は日本人居留民と一体であったことを示している。したがって彼女たちは、軍隊なしには、この大陸奥地にこなかったはずである。第二に、戦いの結果はつねに勝敗のどちらかでしかあり得ない。とすれば戦いに敗けた場合の彼女たちの生命（財産のことは言うまい）については誰もがなにも考えなかったということである。それとも敗退は絶対にあり得ないと誰もが思ったのだろうか。第三に、南下する彼らもみじめであったが、ソ連軍の歩哨に監視されて北上するわたしたちもまたみじめであった。しかも日本の軍人は、ほんの昨日までは、傍若無人にふるまっていたのだ。わたしは、恥ずかしくてしかたがなかった。同時にわたしも、なにかの役にたつなら、彼女たちのグループに加わって南下したかった。捕虜ではあっても、わたしたち軍人の方が、彼女たちよりはずっと安全な気がしたのである。

わたしたちの「行軍」の終点は、牡丹江の郊外、掖河の戦車連隊の兵営であった。兵営内の建物を利用したり、空地に天幕を張ったりして、シベリア行きの貨車の順番を待った。兵営は小高い丘の斜面にあった。あたりでは、武力に強弱のありすぎる彼我の戦闘があったとみえて、そこここに日本兵の死骸が散乱していた。死体が掠奪にあった形跡はなかったが、なぜかわたしは、その死者のほとんどが目をむき、口を大きくあけていたように記憶している。死者の無念がわたしに乗りうつったからかも知れない。

それから、東部シベリア各地での長い長い四年半の歳月が過ぎた。一九五〇年の三月末、それまでに十カ所あまりの収容所を転々としたわたしは、ハバロフスクのアムール川に近い収容所で建設作業に従事していた。わたしの仕事は、建物の基礎工事のための穴掘りであった。抑留の初期からいっしょだった仲間は、もはやひとりもいなかった。

三月の真昼の日射しはもはやかなりやわらかだった。わたしたちは昼食を終わり、午後の作業に出かけるための集合の合図を待つ間、収容所の壁によりかかって、つかの間の日なたぼっこを楽しんでいた。風はまだ冷たかった。わたしはそのとき、隣にいた人たちにこう語りかけた。

「ソ連もずいぶんひどいことをするね。われわれ下っ端がいったいなにをしたというのだろう。もう五年になろうとするのに、まだ帰さないのだろうか。ひどい話だよね」

わたしのこの言葉は、どういう筋道によってか、その日の夕方までに日本人の「民主グループ」幹部の知るところとなり、夕食後の集会で吊るしあげられた。わたしは答えた。

「ソ連を誹謗するつもりは全くなかった。むしろ、ソ連を信頼しているからこそ、心安い調子で、思っていることの一面を口にしたまでだ」

これは単なる言いのがれではなかった。しかしこの「弁解」は火に油をそそぐ結果となり、結局、わたしはみんなから「隔離」されることになった。つまりわたしは「反動」の烙印を押され、わたしと話をすれば、その人も「反動」とみなされることになったのである。

「民主グループ」は見当ちがいの「判決」を下したものだ。わたしは「反動」ではなかったし、また「反動」になれる人間でもなかった。「反動」と称せられるグループは別にいたのである(その人たちがほんとうの「反動」かどうかは別にして)。彼らの多くは高級将校または警察畑の高官であった人たちで、自分の意志で労働を拒否していた。国際条約によって、将校は労働を拒否すれば拒否できたのだ。「反動」になれるほどの人は、健康であっても労働を拒否できる強い意志をもっていたし、逆にまた労働を拒否する人は「反動」とみなされた。しかしわたしを含む下級将校の多くは労働を拒否しなかった。わたしは、将校のはしくれとして、ときとして「吊るしあげ」の的になることはあったけれども、収容所での「民主運動」に敵意を抱いたことはなかった。同時に「反動」にたいしても、これをとくに避けようと思ったことはなかった。だからと言って、わたしは自分が「無節操」だったとは思わない。わたしは自分自身の生き方をつらぬいたつもりである。わたしにとって大切なことは人間の本質であって、その仮面ではないのだ(仮面に牛耳られることはあっても)。

幸いにわたしは「隔離」されてからまもなく、帰国できることになった。一九五〇年四月十六日、わたしたちを乗せた引揚船明優丸《めいゆうまる》がナホトカ港を出航してまもなく、船上では、包帯のような白い布地を小さく四角に切って、ヨードチンキで日の丸を描いたものを胸に縫いつける人が現れはじめた。引揚船で迎えにきた人の中に、その方向にとりまとめる人がいたのかも知れない。「民主グループ」の人たちは、そのときどうしていたのだろう。

台風が接近したらしく、船の揺れがはげしくなってきた。わたしは目を見開いたまま、誰と語らうこともなく、船室のたたみに横たわっていた。二十三歳でシベリアに連行されたわたしは、まもなく満二十八歳になるところであった。

話は前にもどるが、一九四五年八月末、敦化のパルプ工場警備から帰ってからのことである。敦化飛行場の引込線の一隅に、ハルピンから運ばれたらしい貨車一ぱいほどの書籍が雨ざらしのまま積まれてあった。和書もあったが、多くはロシア語を主とする外国書で、書名も今はなにもおぼえていない。とにかく皮表紙に金の背文字の入った本もかなりあったように思う。わたしは仲間たちとソ連軍の「使役」に出かけたついでに、この本の山をあさった。しかし入隊前、上智大学のドイツ文学の学生として哲学(当時は流行であった)に関心をよせていたわたしにとっては、まさに猫に小判であった。同僚の中には、これらの書物の価値を知って、重い本を何冊も収容所まで運び、日本まで持ち帰るのだと言っていたものも何人かあった。わたしはこの中からポケット判の『英仏独露会話集』を一冊いただいた。これは、その後牡丹江まで数百キロにわたる行軍のとき、同僚たちが背嚢の書物をつぎつぎに捨て去るときにも、なんとか持ちつづけ、わたしのロシア語学習の手引となった。

わたしは、シベリアでの抑留生活が少なくとも数年はつづくことを、ロシア人の将校からきいていた。だからソ連軍当局が、日本人を逃亡させないために意識的に流していた即時帰国の噂をあまり信じていなかった(全く信じなかったわけではなかったが)。わたしは、シベリアでの生活の間に病気かなにかで、生きて帰れないかも知れないと思った。もしそうであれば、自分の死に場所がどんなところかたしかめて死にたい。そのためにはロシア語を学ぶ必要があると考え、手あたりしだいにロシア人をつかまえては、前記の会話集をテキストにして暗記していった。

シベリアに入ってからは同僚の持っていた小形の露和辞典を借りて利用した。努力のかいあってか、約一年後には、最低の意志が通じ、やさしい本も読めるようになった。

ところが、ロシア語の上達は、反面では別の結果を生んだ。わたしは、ゲ・ペ・ウから諜報機関に所属していたという疑いをかけられ、いわゆる〝戦犯〟にされなかった抑留者としては最後までシベリアにとどめられることになったのである。

シベリアでの労働の合間には、仲間たちと未来世界について雑談にふけることもあった。話題の中には、ユートピア的世界連邦とか社会主義的アジア連邦の構想もあった。わたし自身について言えば、「もし生きて帰れたら」帝政ロシアと革命後のソ連との間の思想的つながりについて、ロシア革命の思想史的由来について調べてみたいと思ったりした。

一九五〇年四月十七日、「生きて帰国」することができた。その翌年上智大学ドイツ文学科三年（新制）に編入学、アルバイトで自活しながらなんとか卒業、平凡社（社長・下中邦彦《しもなかくにひこ》）に勤務することになった。平凡社はわたしの「学校」であった。社内では編集も営業も書店まわりもした。組合運動にも首をつっこんだ。その間シベリアで考えていた通りに、はじめロシアの思想史、社会運動史関係の書物を買いあつめ、その一部は読んでメモもとった。

しかしその頃、わたしのなかでつぎのような疑問が起こってきた。ソ連の思想史研究者たちは、ほとんどが革命的潮流の思想家ばかりをとりあげ、しかもみな同じような方法で分析しているが、同時代には彼らとちがう思想の持ち主もいたはずである。わたしたちは、資料の制約のために、ロシア思想史の限られた側面を、しかも一度ふるいにかけられたものをあたえられているのではないか。これでは自主的な研究は無理ではないかと思いはじめた。たしか三十五歳頃だったと思う。

その頃わたしは平凡社の仲間から『世界文化地理大系』の月報用の原稿を頼まれ、プルジェワルスキーというロシアのシベリア・中央アジア探検家の生涯を書いた。彼は十九世紀後半、五回にわたる大探検を行い、しかも最初の探検記を自費出版し、生涯独身を通し、五回目の探検の途中天山山中のイッシク・クル湖岸で熱病のために死んだ。

わたしはこの人の生き方から、自分の進路について一つの「ひらめき」を得た。「そうだ、わたしが青春の五年間をすごしたシベリアのことを調べてみよう。抑留生活を、世の恵まれた人たちがよく言う〝フィールド〟とか〝留学〟として考えることだってできないことではあるまい」

こう思いいたったわたしは、おりしも上智大学でロシア語学科の創設にともない、ロシア語図書を必要としていることをきき知り、これまでの蔵書を買いとってもらった。そしてシベリアや中央アジアの歴史、地理、民族に関する書物をあさりはじめた。

それから約五年後、当時紀伊國屋書店の出版部に勤務していた友人矢島文夫のすすめによってまとめたのが、紀伊國屋新書の一冊『シベリアの歴史』である。これがわたしの最初の著作である。

また一方、ソ連考古学者によるアジア文化研究の成果の紹介を思いたち、論文集を翻訳して『ソグドとホレズム』と題してガリ版で自費出版した。一九六五年春には幸運にも、作家井上靖先生の知遇を得、二度先生のソ連旅行のおともをさせていただいた。それ以後、陰に陽に先生のご指導と引立てをいただいている。

わたしは一九七一年末平凡社を退社し、母校の上智大学に勤めることができたが、一九七五年四月から、梅棹忠夫《うめさおただお》館長はじめ諸先生の推ばんによって、思いがけなくも国立民族学博物館に生活を保障された研究者として勤務することになった。


今から数年前わたしが研究関係の仕事でシベリアの大都市ノボシビルスクを訪問したときのこと。たまたま、科学アカデミー・シベリア研究センターに所属する当時三十五、六歳のロシア人の研究員と痛飲する機会をもった。彼はアムール川中流部の都市ブラゴベシチェンスクの出身とのことだった。夕方から飲みはじめ、夜半にいたるまでふたりは飲みつづけた。はじめはかなりまとまった話をしたが、終り頃になるとしだいに、支離滅裂になっていった。まさに思考の乱れがはげしくなった頃、わたしはそれまで抑制していた一つの言葉を口にしてしまった。

「ソ連の歴史記述は客観的とは言えませんね。バム鉄道に関するどの本を見ても、日本人抑留者やソ連人囚人のことが出ていません。日本人の抑留者は戦後におけるバム鉄道建設の初期の労働力として非常に大きな役割を果たしてきました。それは事実です。わたしもそのひとりです。あなたもそのことは知っているでしょう」

はじめは、相手のサーシャもなんとか軽くうけ流そうとしていたが、わたしの舌鋒がだんだん鋭くなってきたらしく、少々きっとなってこう言い返してきた。

「歴史書に、どのような史料をとりあげ、どう記述するかはその歴史家の自由じゃないですか。こんなことは言いたくありませんが、話がここまできた以上、言いましょう。わたしの祖父は、ロシア革命に干渉するためにシベリアへ派遣された日本軍に殺されました。残された祖母と父たちがそのためにどんな苦労をしたかわかりますか。しかも、そんな苦しみを味わったのはわたしたち一家だけではないのです。ほかにも大勢います。それについて日本の歴史の本には全部書かれていますか」

この言葉をきいて、わたしの酔いはいよいよ内攻しはじめ、発言は混乱の度を深めていった。翌日のひどい二日酔いの後にも、この言葉だけは私の心の底に沈澱した。

わたしはそのとき、日本とソ連との間には、ひと皮めくると、まだまだ癒えきっていない赤い傷痕が双方に残っていることを痛感したのである。ただしこのことは、日本と中国、日本とアメリカの間も同じようなものであろう。アメリカにしても、日本の抵抗能力が明らかに底をついているのがわかりきっていたとき、広島、長崎に原爆を投下したではないか。それが今の時点では、なぜか日本とソ連との間の傷痕だけが生々しいようにうつるのは、なにか別の要因のせいではないだろうか。この傷口の癒えきる日ははたしてくるであろうか。ぜひ、きてほしいものである。

本書の第一、第二章の主要な舞台であるウラジオストクをまだわたしは訪れたことがない。今ではこの港は、軍港として特別地域に指定され、外国人はおろか、ソ連市民でも、市外からの人には許可証が必要といわれている。国際商港の役割は、ウラジオストクのすぐそばにあるナホトカ港によって果たされている。わたしは一九六三年夏、たまたまモスクワ―ハバロフスク間の飛行機が延着したために、ハバロフスク―ナホトカの間の汽車に乗りおくれ、ウラジオストク市と境を接するウーゴリヌイを訪れたことがある。ウーゴリヌイはウスリー鉄道がウラジオストク行とナホトカ行とに分かれる分岐点にある。わたしはハバロフスクからまずウラジオストク行の汽車に乗り、ここでナホトカ行に乗り換えたのである。ウーゴリヌイも、ウラジオストク港と同じピョートル大帝湾に面しており、湾がこんなにも深く入りこんでいることに驚いたものである。市域はずいぶん広いのであろう。見えたのはただ山と海だけであった。一九七〇年のウラジオストク市の人口は四十四万一千人となっている。

かつて日本人は、ウラジオストクのことを「浦潮」「浦潮斯徳」「浦塩」「浦港」などとよびならわしたが、なかなか味わいのある命名である。周知のように、「ウラジ」はロシア語のウラジェーチВладеть（領有・支配する）からきた言葉であり、「オストク」は「東方」の意である。これを、意味に関係なく「ウラジオ」としたところが面白い。

また本書の中で、わたし自身の抑留記の部分は、他の文章とは少し調子がちがうので、「巻末付録」にしたいと考えたが、同じ著者の同じ本である限りいずれにしても大差はないと考え、あえて本文に加えることにした。

わたしは本書を編むにあたり、できるだけ一般の目にふれにくい資料を導入することにつとめた。瀬脇寿人《せわきひさと》＊の『ウラジオストク見聞雑誌』は外交文書館にある写本（一九七二年にわたしはこれを雑誌『ユーラシア』第四号に発表した）に基づいたものである。また『雞林事略《けいりんじりゃく》』は国立国会図書館の貴重本の一つである。『浦潮日報』は敦賀市立図書館蔵のものを利用させていただいた。都築小三治《つづきこさんじ》の事績は、小三治の孫にあたる石本寛治・智恵子ご夫婦所蔵の、小三治自身の残したメモによった。智恵子さんは小三治・エマ夫妻の長男幸二氏（故人、イルクーツク生まれ）の娘にあたる。石本夫妻の好意に深く感謝する。川上俊彦《かわかみとしつね》＊と太田覚眠《おおたかくみん》＊については、いずれも私家版の資料によった。かつて覚眠師のお寺、四日市の法泉寺を訪れたときには、嗣子《し》の宏宣《こうせん》師（故人）にいろいろとお世話になり、資料を貸していただいた。

以上、のべた施設や個人だけでなく、中山一郎氏、檜山邦祐《ひやまくにすけ》氏らの多くの人々の蔵書にも

川上俊彦　（一八六二―一九三五）明治から初和初期の外交官、実業家。初代駐ポーランド公使。第二章で言及。
瀬脇寿人　手塚律蔵（てづか・りつぞう　一八二二―七八）の別名。初代ウラジオストク貿易事務官をつとめる。日本・ロシアの友好に貢献した。第一章で詳述。
太田覚眠　（一八六六―一九四四）一九〇三年から約三十年間ウラジオストクの浦潮本願寺で布教監督をつとめ、日露戦争時に日本人居留民を救った。第二章二節で詳述。

お世話になった。さらに、尊敬する司馬遼太郎先生は、おいそがしい中で私と本書のために序文を書いて下さった。潮出版社の志村栄一編集長、出版部の青木啓次氏には出版の上で格別のお世話になった。これらの方々に深く感謝する。

終わりに、軍隊とシベリア抑留を通じて、あるときは短慮なわたしのひどい失礼を許し、あるときは助けていただいた多くの仲間たちに感謝する。またシベリア抑留の初期に、わたしが最後をみとったり、野辺のおくりに立ちあったりした幾人かの仲間たちのことも、ここに想起したいと思う。そしてわたしが最後まで、人間として恥ずかしくない生涯がつらぬけるように、今後も支えてくれることを心より願うものである。

第一章　明治初期の沿海州における日本・朝鮮・ロシアの出会い

――瀬脇寿人《せわきひさと》の『ウラジオストク見聞雑誌』をめぐって

一、ロシア領ウラジオストクの登場

ロシア帝国にとって、沿海州の南部に不凍の良港が必要であることは、ツァーリ政府の高官や海軍将校の間で早くから認識されていた。カムチャツカのペトロパウロフスク港、オホーツク海岸のオホーツク港、タタール海峡のニコラエフスク港などもそれぞれ良港ではあるが、なにしろ北に偏しすぎており、しかも後背地域の人口が稀薄で物産に乏しいため、ロシア極東艦隊の必要をまかなうことができなかった。その上これらの港は冬季の結氷が著しいことも大きな難点であった。

アムール河口のニコラエフスクが海軍中佐ネベリスコイによって占領されたのは一八五〇年のことである。その前年、彼は二つの重要な事実を認識した。すなわち、第一に吃水《きっすい》の深い船もアムール河口に入れること、第二にサハリンは明らかに島であるということである。先見の明のあるこの軍人はそれから十年後の一八六〇年三月、部下のボシュニャク中尉をデ・カストリ湾の南方、綏芬河の河口までの海岸調査に派遣した。一方、幕末日本の開国に一役買ったプチャーチン提督も、一八五四年この方面を測量した。プチャーチンはパルラダ号に坐乗して、長崎港から朝鮮の東海岸沿いに北上したもので、ウラジオストク港の外湾であるピョートル大帝湾を測量し、彼の副官ポシェットの名をとってポシェット湾と名づけた。ポシェットは北朝鮮の北端に近い要港として知られている。

一八五九年には、当時の東部シベリア総督ムラビヨフの坐乗するロシアのコルヴェート艦アメリカ号がピョートル大帝湾を調査し、また今のナホトカ港の外湾に注目して、その艦名にちなんでアメリカ湾と名づけた。このとき、アメリカ湾の奥にあるナホトカ湾とその入口にあるオブリジン島も「発見」され、さらにプチャーチン島、アスコルド海峡、レフ島(今のアスコルド島)なども測量された(『ウラジオストク歴史文書集』)。

一八五〇年代には、ロシア以外の西欧諸国の艦船もこの方面で活動した。すなわち、一八五二年フランス船が今のポシェット湾を地図に記入し、(Golfe d' Anieleと名づけた。この地図は一八五四年に刊行されたが、前記のプチャーチン提督はこの事実を知らなかった。翌五五年にはイギリス艦がポシェット湾の東方にある二つの良湾を見出し、それをGuerin(今のアムール湾)、Napoleon(今のウスリー湾)と名づけた。イギリス艦はほかにもいくつかの小湾を発見して、五八年にフランス地図を補う地図が公刊された。

一八五九年の暮れ、ロシアの沿海州経営に画期的な意義をもつ一歩がすすめられた。東部シベリア総督ムラビヨフは沿海州軍務知事（当時ニコラエフスクに駐在）カザケヴィチに宛てて、今のウラジオストクの地にロシア軍哨所の建設を命じたのである。この命令は十一月十五日付であったが、翌六〇年六月二十日にはコマロフ中尉指揮下の第四国境大隊第三中隊（四十名）を乗せた輸送船マンジュール（満州）号がニコラエフスクから派遣された。彼らは海参崴とよばれる一漁村のあったこの地に上陸し、直ちに兵舎、将校宿舎、倉庫などを建設した。これこそはウラジオストクの起源である。このときウラジオストクを含むウスリー地方は、愛琿条約によってロシアと清国との共有とされており、北京条約（十一月十四日）によってこの地域が正式にロシア領になる五カ月前のことであった。

朝鮮や満州、さらには日本にも近いこの港は、四方を山々や岬にとりかこまれ、冬期わずかに結氷するが小型砕氷船によって容易に商船を導くことができ、したがってその後の急速な発展ははじめから約束されたようなものであった。ロシア領アジアの一部であるという意味では、租借地にすぎなかった旅順よりも政治的、軍事的に重要であり、事実はじめから、旅順などに軍港を築くよりもウラジオストクの方を重視すべきだとする意見が少なくなかったほどである。

ウラジオストクはまず極東におけるロシアの海運基地として登場した。しかし一八七〇年代まで沿海州海域で活動したロシア輸送船は、帆船マンジュール号、ヤポネツ号、蒸気船アメリカ号の三隻にすぎなかった。一八七八年七月、クロンシュタット（ペテルブルグに近いバルト海上の人工島に築かれた軍港）の新聞「ヤフタ」はつぎのように書いている。

「周知のように、われわれは今日まで、日本および中国の諸港だけでなく、わが北方の諸港や重要な哨所との間にも夏期の規則的な郵便連絡をもっていない……こうして広大なわが国のこれら評判倒れの地域の住民たちは遠い母国ロシアからだけにとどまらず、全沿海州地方の文化的勢力や文明の中心である比較的近いウラジオストクからも切断されているのである」

こうした状態の中で、ウラジオストク、ニコラエフスク、サハリンを結ぶ航路、さらにはウラジオストクと中国、日本の諸港間を結ぶ海上輸送において主導的な役割を果たしたのは、ロシアではなくて、むしろイギリス、ドイツ、デンマーク、日本などの汽船会社であった。ツァーリ政府や極東地方の行政当局は、ロシア人の資本家にこの方面の海運業を委ねようとしばしば試みたが、さっぱり成功しなかった。

一八七〇年代になると、ニコラエフスクから海兵団とそれにともなう諸施設がウラジオストクに移されはじめ、兵舎、学校、病院、修理工場などが建設されるようになった。しかしドックがないために、船の修理はほとんど日本の長崎で行われた。一八七三年十二月二十三日付沿海州港務長官A・E・クロウンの報告にはつぎのような記述が見える。

「昨年十一月にドック入りのために長崎に送られた運送船マンジュール号は、槇皮詰《まいはだ》めを終わり、銅板を巻いて今年五月ウラジオストク港に帰った。同じ目的で今度はヤポネツ号が長崎に向けてこの十二月十一日にウラジオストク港を出航した。またシュクーナー船アレウト号も吃水下の部分の塗装のために十一月二十七日に長崎へ向けて出航したが、この費用は一八七四年の予算に組み入れた。一八七四年の冬には同じくシュクーナー船エルマク号とトゥングス号を送る予定である。この地では、海水の塩分が多いために、鉄船に貝殻が急速に付着し、錆が早く、その吃水下部分を毎年のようにドックで塗りなおす必要がある。……ウラジオストクでは薪木が少なく、石炭の不足が深刻である。軍用船あるいは民間船によって日本やサハリンからウラジオストクに石炭が運ばれてはいるが、冬期になると足らなくなり、そのため私はソボリ号の船長に長崎で石炭を購入することを依頼した。その結果三五〇トンの石炭が民間の蒸気船であるクリエル号によってウラジオストクに運ばれた……」（前掲書、三〇ページ）

このように、ウラジオストクと日本との関係はしだいに強まり、それにともなってこの港に対する日本の関心も年々その度を深めていった。

一八七八年、沿海州とサハリンの諸港を結ぶ定期船として、キャフタの貿易商「トクマコフとシェベリョーフ商会」所有の蒸気船バトラク号がチャーターされたが、この船はこの年の九月末暴風のためにサハリンのドゥエ付近で沈没してしまった。その後、この商会の代表者シェベリョーフは沿海州における海運会社の設立をロシア政府に申請し、一八八〇年に認可された。ニコラエフスク、デ・カストリ、ドゥエ、インペラトルスカヤ・ガワニ（今のソフガワニ）、コルサコフスキー・ポスト（サハリン）、オリガ湾、ウラジオストク、長崎、上海、漢口間の定期航路であった。

一八七八—七九年、ロシア全土にわたって「義勇艦隊」とよばれる商船会社を設立するための募金運動が行われ、それを基金としてロシア号、モスクワ号、ペテルブルグ号、つづいてオリョル号、ヤロスラウリ号、ニジニ・ノブゴロド号という五千トン級の最新型蒸気船が購入された。「義勇艦隊」は一朝有事の際軍事目的に動員されることを使命としていた。一八七九年にはロシア内務省によってチャーターされたニジニ・ノブゴロド号が囚人と物資を積んで欧露からサハリンまで航海した。ついで八〇年にはウラジオストクに「義勇艦隊」代理店が設置され、オデッサからウラジオストクまでの初の直航便としてモスクワ号が就航した。船客は軍人や官吏が多く、一般船客はわずか二人にすぎなかった。モスクワ号はオデッサからウラジオストクまで二カ月半を要したが、これは当時としては画期的なスピードであった。こうして黒海と太平洋の間に定期航路が開かれたのである。

このオデッサ―ウラジオストク航路はシベリア鉄道の開通まで、欧露と極東地方とを結ぶ最も確実・安価な交通手段であった。一八八三年以後、義勇艦隊の汽船によってロシアの南部諸州からの農業移民が沿海州方面に運ばれた。その後便数もしだいに多くなり、一八九九年にはオデッサ―ウラジオストク間に往復二十四便運行した。また船舶数の増加とともに、ウラジオストクにドックの建設がすすめられ、九七年に一基が完成、一九〇六年にはさらに二基が建造された。船の修理は一八九三年まではほとんど日本のドックで行われていた。

一方、前記のシェベリョーフは一八八八年ロシア政府との間に契約を結び、ウラジオストク―上海間の航路に元山、釜山、長崎、芝罘《チーフー》へ寄港する権利を得た。これは、それまで独占的であった日本郵船にとって大きな脅威となり、両者の間に船賃の値下げ競争が激化した。一九〇〇年一月、シェベリョーフはその運行権を東支鉄道海運部に譲渡した。

つぎにウラジオストクはシベリア鉄道の終点として、陸上交通の重要な基地となった。シベリア鉄道のウスリー線（ウラジオストクからハバロフスクまで）建設の構想が最初に登場したのは一八七五年のこととされている。一八八七―八八年、技師ウルサッチの指導下でまずウラジオストクからグラフスキー（イマン川の左岸に一八五八年創設された集落）までの南ウスリー線の路線が調査され、九一年着工、北ウスリー線（グラフスキーからハバロフスク）までは一八九四年に着工した。

一八九一年五月十九日、ロシア皇帝アレクサンドル三世は皇太子ニコライ・アレクサンドロヴィッチにたいし、日本訪問旅行からの帰途、ウラジオストクにおけるシベリア鉄道起工式に出席するようにつぎのような勅書を送った。

「予は、豊かなシベリアの自然の富をロシア内地の鉄道に結びつけるシベリア縦貫鉄道の建設を命ずるにあたり、貴殿が東洋諸国の視察旅行からロシア領に帰着するに際し、予の意図の宣明を依頼するものである。同時に、予が国費による建設を許可し、政府の直接管理のもとにおいた大シベリア鉄道ウスリー線のウラジオストクにおける起工式の施工を貴殿に依頼する。

予の企図した真に国民的な事業の開始に貴殿が参画することは、シベリアとわが帝国の他の地域との交渉を容易にし、これによって、予にとって重要なこの地域の平和的繁栄のために、予の果たす配慮の新たな証明となるであろう。長途のロシア国内旅行における神の加護を祈りつつ。貴殿を敬愛する父より」(『アジア・ロシア』第二巻、五一六ページ)
ウスリー鉄道は一八九七年八月三十一日に開通した。
一方、一八七一年にはデンマークの電信会社によってウラジオストクと長崎・上海間に海底電線が敷設され、軍港がニコラエフスクからこの地に移された。また九〇年には沿海州庁と軍務知事がハバロフスクからこの地に移され、博物館も設立された。九九年には有名な東洋専門学校が開設された。

二、瀬脇寿人とその『ウラジオストク見聞雑誌』

日本人がウラジオストクにはじめて足跡を印したのは明治維新前後のことであった。そして、ウラジオストクにおける最初の日本人のことを含めて、この都市の事情をはじめて報告書にまとめた人物は、旧幕臣で開成所から新政府に徴用された瀬脇寿人《せわきひさと》であった。

瀬脇寿人は生涯において何度か改名しているが、幕末でよく知られた名前は手塚律蔵である。すなわち瀬脇寿人イコール手塚律蔵である。手塚律蔵は吉田松陰や藤田東湖から西洋学の造詣の深さを認められ、後に蕃書調所の頭取になった古賀謹一郎から蘭学者として「上等」の折紙をつけられた人物である。

故村上一郎氏（昭和三十六年死亡、蘭学史研究家）が蘭学資料研究会の「研究報告」第八十一号に発表した「手塚律蔵研究」によると、律蔵は文政五年（一八二二）六月六日周防国熊毛郡小周防に生まれた。父は手塚寿仙という医者で、母は瀬脇氏の出であった。後年瀬脇寿人と名乗ったのは母方の姓によったのである。律蔵は幼い頃から学問を好み、天保九年十七歳のとき志を立てて長崎に遊学、高島秋帆について蘭学、洋医ならびに造船術を学んだ。このとき律蔵は、後に深い関係をもつに至る佐倉藩医鏑木仙安、西淳甫と相識るようになった。また同じ頃松木弘安（寺島宗則）や杉亨二も長崎に在住したことが知られている。秋帆が検挙されると、律蔵は仙安、淳甫とともに出府して、淳甫の旧師坪井信道の塾に入門した。天保十三年十一月のことである。村上一郎氏は律蔵の信道塾在学期間を天保十三年末から弘化二年頃までの約三年間と推定している。

弘化二、三年頃、律蔵は再び長崎に遊学し、大島高任（惣左衛門、三春藩士熊田嘉善とともに水戸反射炉建設にあたった人）とともに上野俊丞方に寄寓し、森山栄之助、名村五八郎らとともに蘭書を研究した。この頃律蔵は西洋流砲術に関する蘭書を数冊翻訳している。

嘉永三年九月頃、律蔵は五年余の第二回長崎遊学を終えて大阪経由で江戸に帰着した。その後約半年余浪人生活を送り、嘉永四年には鏑木仙安、西淳甫らの奔走によって西洋学師範として佐倉藩に召し抱えられた。住居は江戸八丁堀の堀口邸内であった。

律蔵は嘉永六年三十二歳のとき、木村与治右衛門の娘賀濃（二十六歳）と結婚したが、その頃本郷元町に移って又新塾を開いた。彼はここで文久二年末までの十年間居住するが、この間の門人には西周、津田仙、三宅秀らがいる。また安政二年には木戸孝充、文久三年には西村茂樹が入門している。この当時、又新堂という名称のもとに律蔵の著作『洋外砲具全図』のほか英学書『泰西史略初編』、『伊吉利文典』などを発行した。又新塾の塾生の生活について津田仙はつぎのように回想している。

「私が手塚塾にいた時などは塾から毎月一両貰ってこれで食料や小遣銭にしたものだ。十人近くの同塾生がいたが、一人の飯焚男を頼んで賄をして貰い、朝は汁、昼は沢庵、晩には干物がつくのが定りで、時々小遣銭の中で煮豆や佃煮を買って食ふ。これが御馳走であった。しかし小遣銭が無くなるとマア沢庵ばかり食って凌いだものだ。でも一両の学費を持っているのは上等の部で、西周の如きは一文無しで筆耕などをして漸く勉強していた。かように絶食していても軀は中々肥えて元気よく大言壮語していたものだ」（津田仙「洋学の伝来」——英文雑誌一ノ四）

安政二年正月、天文方蛮書和解の局を独立させて洋学所を開設する準備がすすめられ、翌年二月洋学所は蕃書調所と改称された。これは周知のように「西洋は蛮夷《ばんい》なり蛮学《ばんがく》と称すべき」という漢学者流の見解に従ったものであった。これは九段坂下牛ヶ淵にあったが、文久二年に洋書調所、その翌年開成所と改称されて、現在の東京大学の基礎といわれているものである。

安政三年四月から教官の任命があったが、このとき律蔵は川本幸民、松木弘安、村田蔵六（大村益次郎）、木村軍太郎らとともに教授手伝出役（九名）の一人に加えられた。これはいわば助教授格で、教授格の出役教授職は箕作阮甫、杉田成卿の二名だけであった。律蔵が調所に仕官したのは安政三年（一八五六）四月四日から文久三年（一八六三）三月一日までの約七年間である。

一方、律蔵は日本における英学の先達としても知られている。律蔵は嘉永六年末頃、中浜万次郎がアメリカから持ち帰った英文典を入手し、蕃書調所出仕の前後から西周とともにこれを刻苦勉強した。そして又新堂で『伊吉利文典』として本書を翻刻して門人に頒ったが、その後おそらくは彼の意見によって蕃書調所で再刻され、通称『木の葉文典』として広く流布した。村上一郎氏は「洵《まこと》に律蔵こそは本邦蘭学より英学への過渡期の橋渡しをした功労者、先達とも言うべき代表者であった」とのべている。

文久二年暮（蕃所調所を正式に御用留になるのは翌年三月一日付）、律蔵は江戸を引きはらって佐倉に移り、明治四年五月東京に引っ越すまで八年間ここに住んだ。この間彼は瀬脇旧太郎または良弼と改姓して藩学の手伝いをしていたらしい。当時の佐倉藩には蘭、英学関係の蔵書が三、四百冊もあったといわれる。

明治の新政府に登用されて後の履歴は、外務省大臣官房人事課に所蔵されている書類によって知られる。ただしこの書類には生年月日は書かれていない。東京府士族、旧名光寿とあり、明治四年十月三日外務大録に任ぜられ、法律書の翻訳を申し付けられ、岩倉具視特別全権大使欧米各国派遣に際し、「右御用取扱申候処、勉励に付金六千文」を与えられた。同年十一月洋語学所副督長、翌年五月外務少記に任ぜられ、洋語学所督長となり、正七位に叙せられた。同年十月外務省七等出仕、十一月反訳局副長、明治七年六月記録局副長、明治八年清国およびウラジオストクに派遣された。明治九年貿易事務官としてウラジオストクへ派遣されることになり、十月四日出発した(しかし十年一月十一日付で「廃官」ということが書かれているが、その意味はよくわからない)。

十年八月、武藤平学定直に貿易事務官の事務を委任して帰国した。武藤平学は、瀬脇が明治八年にウラジオストクへ旅行したとき、すでに四、五年前から当地に居留していた人物である。この人のことは瀬脇の報告書『烏刺細窟斯屈《ウラジオストク》見聞雑誌』(以下、『ウラジオストク見聞雑誌』と称す)にくわしく書かれている。その後瀬脇は明治十一年四月三日再びウラジオストクに渡り、貿易事務官をつとめたが、十一月二十九日帰国の船中で病死した。五十七歳であった。榎本武揚は、明治八年五月、ロシアとの間で千島樺太交換条約を締結し、シベリア経由帰途の十一年九月末、ウラジオストクで瀬脇に出会っている。榎本の『シベリア日記』に瀬脇の名が登場している。

村上一郎氏は維新後の瀬脇について、「従来の又新堂時代の顔で、殊に出身が長州であったから、蘭学者の晩年として必ずしも不遇ではない。しかし、かつての門人の中に新政府で羽振りのよくなった人から見て必ずしも栄達とは言えない。この点はつまり彼の学者らしい性格からきている……」と書いている。

三、ウラジオストクにおける最初の日本人たち

瀬脇寿人《せわきひさと》が官命によってウラジオストクに旅行したのは明治八年（一八七五）のことであった。四月十六日に、ロシア海軍の運送船ヤポネツ号に乗って長崎港を出発、二十一日ウラジオストク港着、六月七日同港発、十二日長崎に帰着するまでの船旅を含む五十一日間である。ヤポネツ号は、一八七三年（明治六年）十二月、補修のためにウラジオストクから長崎のドックに送られた。瀬脇の乗ったのは、ヤポネツ号が修理を終わって帰国する便であった。諸岡というロシア語の通訳が同行していた。

出航の翌日である四月十七日朝、瀬脇は船上ですでに日本人と朝鮮人に出会っている。瀬脇は書いている。

「夙に起て手水を乞たれば、面貌の支那人に似たるボーイ出て来にけるゆえ、何れの国の人にやと尋ねければ、朝鮮人なりと云へり。又日本人と覚しき人、男子二名婦人一名見へしゆえ之を尋ねければ、婦人は長崎の産にて千葉県下の商、当時はウラジワストークに在留の吉田利八

が妻、男子一名は此婦人に付添の長崎人山本豊吉、又一名は佐賀の士族中島弥三郎と云者にて、此船の器械方マカロフ氏に付属し、露語を学ばんが為ウラジワストークに趣《(ママ)》く由なり」

瀬脇はもちろん、五日間の船旅の間にこれらの人々と知り合いになった。四月二十三日に上陸したとき、瀬脇と諸岡はまず同船した山本豊吉の住居を訪れた。ここで彼らは、すでに四、五年前からウラジオストクに来住している奥州白川の人、武藤平学定直という者に紹介されたのである。武藤との出会いは、瀬脇が旅行の目的を遂行するうえで決定的な役割を果たした。

四月二十八日、瀬脇はロシア人「ツウペセフ」の家を旅宿と定め、ここに落ち着いて、武藤、山本ら日本人を招いて「共に一杯を傾け、其労に報ひ」ることにした。その席上で瀬脇は武藤がどうしてウラジオストクにきたかをきいた。

すると武藤は言った。

「私は奥州白川の産にて、阿部豊後守の旧臣武藤平学定直という者です。ご一新のみぎり、官軍にそむく破目となり、脚に銃丸をうけました。その後傷はなおりましたが入牢を命ぜられ、やがて赦免をこうむり、英学を志して函館に渡りました。そのとき、たまたまドイツの捕鯨船が入港してきたのを幸いに、頼んでボーイにやとってもらってオホーツク海で働きました。しかし使役があまりにきびしく、食物も十分とは言えず、それにもともと頑健とは言えない体質でしたので、サガレン島に上陸した機会を利用して、そのまま船にもどりませんでした。それから樵夫《きこり》、日雇などをつとめてウラジオストクにやってきました。明治三年の暮でした」

このとき、武藤は、ウラジオストクで朝鮮人金鱗昇という者と親交を結び、ついに「兄弟の約」を結んだことを話した。

瀬脇は、武藤がこの地にきたとき、すでに数人の日本人がウラジオストクに在住していたことを知った。すなわち明治元年からきていた南部八戸出身の政吉と能登の久蔵であった。しかし、秋田の長吉の話によると、政吉は瀬脇らがくる前の四月初旬頃、満州人、朝鮮人四、五人とともに樹木を伐り出して売却するという目的で山に行ったが、倒れる樹木にあたって死んだということだった。政吉は小金をためていたということで、あるいは金銭のもつれで殺されたのではないか、との噂もあった。

瀬脇と諸岡は二十八、二十九日の二日間ツウペセフの旅荘に宿泊したが、「夜中に至るまで喧嘩の声高く」、「終夜安眠する事能はず」であった。そこで武藤のすすめでアメリカの商人コーペルの大邸宅の一部を借りることにした。これは武藤の住居の隣であった。コーペルは面白い人物で、男の子三人にそれぞれ別の「付添」をつけていた。すなわち八歳の長男の付添は満州人、七歳の次男の付添は朝鮮人、五歳の三男のそれはロシア人であった。またコーペルの妻は三十二歳の中国人であった。瀬脇は書いている。「兄弟三人相会して遊ぶ時、各其言葉通じ難き赴なれども、長男は其年稍長じたる所あるを以て、其付添より学たる満州語と、又稍朝鮮語を交へ話す由。此コーペルが家に又、去春朝鮮より亡命し来れる十三歳の下女あり。朝鮮語は勿論、次に又能く露語を用ふ。総て当地の人は、男女老幼を論ぜず三、四国の語にも通ぜざる者なし」

在留の日本人の場合も同じであった。「一字一文も書き得ず読み得ざる秋田の長吉、能登の久蔵、政吉など云ふ者、生来漁夫、農夫にて、事理も弁ぜず、議論は固より知ざる者なれど、満州語にても朝鮮語にても又露語にても能く通弁して、速に百事を弁ぜり。殊に長吉は、其年齢二十二、三歳にて、満州語に長ぜり」ロシア人の水夫も同じであった。

瀬脇は五月九日、能登の久蔵の訪問をうけた。久蔵もまた、明治元年ドイツの捕鯨船に一カ月七円の給料でやとわれたのがきっかけとなって、この地に渡ったものであった。

久蔵は語った。

「鯨は鯨油をとるのが目的でした。ふつう五月から七月までの間に、大中小の鯨十頭くらいがオホーツク海でとれました。この捕鯨船では使役がきびしく、寒中氷上に立って氷を砕かされることもしばしばでした。三度の食物は日本の茶漬茶碗に黒い麦粉一杯をあたえられ、これを水で解いて食べるのです。とくに漁猟中は昼夜の別なく働かされるため、眠気のために艫を押しながらも倒れそうになることもありました。船頭に見つかると、頭、胸、手足のきらいなく鉄鞭をうたれます。このままでは殺されると思い、なんとかして逃亡しようと機会をねらっていました」

「よく無事に逃げられましたね」と瀬脇は言った。

「陸地に近づいたとき日本人八人とロシア人十人とで夜暗に乗じて小舟で脱走しました。陸地ではロシア人の兵隊に使われましたが、それからまた寒さの中を裸足で氷上を踏み、六十里の道を五日間走ってこのウラジオストクに着きました。ここで亡命の朝鮮人らといっしょに山で薪をとり、これを売って一日二十五コペイカほどの金を得、わずかに飢えをしのぎました。これは今から四、五年前のことですが、当時のウラジオストクの人家は三軒ほどでした」

「ところで鯨油はどうしてとるのですか」と瀬脇はきいた。

「まず丈夫な麻縄に銛のようなものをつけ、鯨を見つけると小舟をおろして漕ぎより、銛を鯨身に投げこみます。これが命中すると、五里でも七里でも尾行し、さらに長柄の銛を三、四本打ちこんだり、長柄の銛を三百目くらいの大筒で込み放ったりして鯨を殺します。その屍体を本船のところへ引いて行って、マストの上から三、四本の縄をおろして鯨身に結びつけ、これをまわしながら大きな庖丁のようなもので全身の油肉と鰭とを切りとります。赤肉はすべて海中に投げ捨てます。それから船中の大釜に油肉を入れて、煮て油をとるわけですが、燃料には油を絞ったあとの肉が使われます」

「一頭の鯨でどのくらいの油がとれますか」

「大鯨の場合は日本の四斗樽で三、四十樽、中鯨で二十樽あまり、小鯨でも十樽ほどです。値段は正確にはわかりませんが、一樽で四、五十ドルくらいでしょう」

この久蔵について瀬脇は印象をつぎのように書いている。「能登の者にて本より舟子の由なれども、至って正直なる者なれば、人皆彼を愛する様子なり」

瀬脇の滞在中にも、日本人のグループがウラジオストクにやってきた。武藤のやとわれている商社の笠野というものがロシア船を三千円で雇い、手代の原田茂吉、木綿屋幸吉、有田伊之助のほか二人の小使いをつれ、白米三万俵余、食塩二万五千俵、それに漆器、陶器、晴雨傘、扇子、団扇、魚釣道具、提灯、植木類、竹細工類、家具類などをウラジオストク港に陸揚げしたのである。

日本人の商業活動はようやく活発になりはじめた。しかしまだ遊廓業者によるいわゆる「娘《じょう》子軍《しぐん》」の出動まではいたっていなかった。

四、ロシア領沿海州における朝鮮人の出現

ロシアの公式資料によれば、朝鮮人がはじめて国境を越えてロシア領沿海州《プリモーリエ》（当時のプリアムーリエ）に入ったのは一八六二年のことで、その数は十三家族であった（『プリアムーリエ』一五一ページ）。一八六二年と言えば、明治維新の六年前のことである。彼らが故郷を離れたのは、土地がなく、しかし重税と凶作のために生きることができなかったからである。当時、朝鮮の国法は、国外脱出者に重刑を課していた。「多くの朝鮮人は越境のときに殺された。逃亡した家族の一部は捕えられたり、殺されたりした。彼らがロシアの国境哨所に着いたときに

は、無一文で、飢え、裸のままであった。ロシアの行政当局は、このすばらしい農耕民を喜んで新しい土地に迎えた」(前掲書、一五二ページ)。彼らはリヤザノフカ村(中国領とポシェットとの近く、チジンへ海岸)およびアムール湾にそそぐシデミ川およびマングンガヤの河谷に居住させられた。はじめの七年間に、朝鮮人移民の数は千四百人となった。

四度にわたる中央アジア探検によって不朽の業績を残したロシアの探検家ニコライ・プルジェワルスキーがウスリー地方の朝鮮人の生活を調査したのはこの時期である。彼は一八六七―六九年ウスリー地方を旅行し、朝鮮人部落および朝鮮領内の慶興を訪れ、その印象を名著『ウスリー地方の旅』の中で書いている。この地にはじめて足を踏み入れたとき、彼はまだ二十八歳の青年であった。

プルジェワルスキーは朝鮮人についての書き出しをつぎの言葉ではじめている。「近年、アジアの極東部で起っている注目すべき現象の一つとして、朝鮮人のロシア領移住とこの地における彼らの新しいコロニーの形成があげられる。朝鮮半島の人口が多く、民衆のよりよい力に枷をかける貧困と粗雑なデスポチズム、それに肥沃で手つかずのロシアの領土の隣接という事情は、アジアの動かない住民をして、その過去の伝統を捨て、故郷と別れて、新しい条件と状態のもとに、よりよい、確保された生活を求めさせる強力なバネとなった」(同書、一九四七年版、九七ページ)

プルジェワルスキーは当時朝鮮人がティゼン・ヘー、ヤンチ・ヘー、シジミの三カ所、男女合計千八百人であるとのべている。シジミは瀬脇報告の柴枝尾、ヤンチ・ヘーは煙秋壚、ティゼン・ヘーは地信壚のことと考えられる。

朝鮮人の住居は相互に百—三百歩離れて立っていたが、外観、内部とも中国人のものとほとんど変わらなかった。ただ何組もの夫婦が同居しているところでは、それぞれの組の寝室として板床が仕切られていた。これはやはり移住者の一種のバラックであったと考えられる。

瀬脇はウラジオストク市内の朝鮮人の住地についてつぎのように書いている。

「……満州人、朝鮮人の住地に到り見れば、家は極めて矮屋にて、譬へば間口二間にて奥行三間の家なれば、入口の一間を内庭として大ひなる竈を築き、奥の二間を石にて高さ一尺四、五寸に積み揚げ、其の石の間に、横に長く穴を存して屋外に達し、此穴より竈の煙を洩して暖気を引く。扨其石の間は土にて塗り、上面を平にし、其上に敷物を敷き起臥するなり」

これは「オンドル」形式の住居をさしている。広い意味でのオンドル形式は、沿海州、アムール川下流部の住民にも普及している。ただし彼らの場合には、土間と寝起きの場所が同じ空間にあり、オンドルは寝起きの部分だけである。

現代の日本では「電気じゅうたん」のような敷物があるが、これなどはオンドルと同じ効果を追求したものと言えよう。瀬脇の観察はするどく、記述は簡潔にして要を得ている。

これにたいし、プルジェワルスキーは、ウラジオストクのような都会ではなくて、朝鮮人だけの農村部落の印象を書いている。

「朝鮮人（彼らは自らのことをカウリと呼んでいる）はすぐれて勤勉である。また中国のマンズ（彼らは極めて不潔である）とは正反対で、とくに清潔である。彼らの白い衣服そのものがすでに、そのきれいずきであることを示している」

瀬脇とプルジェワルスキーの印象はかなりちがっている。ただし、これは都会と農村のちがいなのかも知れない。農村の方に伝統文化の残ることが多いとすれば、プルジェワルスキーのフィールドの方が有利と言えるだろう。全体に、プルジェワルスキーは朝鮮人からよい印象をうけている。彼はこうも書いている。「私の見た限りでは、朝鮮人の特徴は親切、ていねい、勤勉ということである」（『ウスリー地方の旅』九八—九九ページ）

プルジェワルスキーはさらに、朝鮮の国境の町慶興を訪れたときの状況をくわしく記しているが、その中で国境守備隊長の大尉尹浹（ユン・ハブ）がロシアの知識を豊富にもっていて、モスクワがナポレオンのフランス軍によって焼かれたことさえ知っていた。プルジェワルスキーのつれている通訳が「焼かれた」という言葉を通訳できないで困っていると、「尹浹はたばこぼんから煙草の灰をとって地図上のモスクワの位置におき、『フランス人』と言った」と書いている（前掲書、一〇五ページ）もしプルジェワルスキーの理解があやまっていなければ、この大尉の世界史の知識は相当なものであったということができる。

一八六九年、朝鮮はいくつかの天災に見舞われ、その年の七月から十二月までの間に六千五百人が越境した。はじめ歓迎したロシアの当局も、あまりの急増に驚き、彼らを退去させようとした。

「しかし、いかなる説得も、ぼろをまとい、飢え、病み、応急の手当を必要とする人々には通じなかった。彼らは、故郷に帰るよりは、ロシア人に殺された方がましだと言った」（『プリアムーリエ』一五二ページ）

おりしもチブス流行のきざしが現れた。ロシアの当局は朝鮮人たちを放置できなくなり、成人男子たちにノボキエフスクでの公共事業やウラジオストクでの薪割り、道路建設などの仕事をあたえた。老人や女、子どもたちは朝鮮人やロシア人の村々に分散させて、食物を配給した。多くの逃亡農民がこの冬のうちに死んだ。生き残ったものは翌春、ポシェット湾付近で集落をつくった。これ以後、ロシアの行政当局は朝鮮人の流入を抑えようとつとめる一方、すでに入った人々をスイフン川やレフー川の流域に移住させた。しかし朝鮮人の越境はあいかわらず止まなかった。

一八七〇年、東部シベリア総督シネリニコフは自ら視察した結果、朝鮮人の一部をアムール州に移住させることにした。一八七一年、彼の命令によって五百人がハンカ湖、スンガチ川、ウスリー川、アムール川を経由して、ブラゴベシチェンスクの下流約五三四露里のサマルカ川岸に至り、ブラゴスロベンノエという集落をつくった。これにはロシアの国費一万六千ルーブルを要した。以後は予算の都合がつかず、また朝鮮人は自費での移民に同意しなかったので、アムール川流域への集団移住は実現しなかった。

瀬脇寿人は、彼がウラジオストクを訪れた一八七五年当時の沿海州の朝鮮人の分布をつぎのように報告している。「朝鮮人、其本国を脱して露領に来り、ウラジワストーク近村よりポッセット近村に住居して村落を為す地所、十三所あり。蘇城《ソチヤン》十余戸、治撫壚《チムスーハー》二十余戸、雷風河《ライフンハー》十余戸、力氷河《トウビエンハー》、紅土営、閑居隅《ハンガーウー》百余戸、許居隅《ハツガーウー》百余戸、六城《ロクセン》百余戸、柴枝尾《セズミ》、地信壚《ジシンフハー》、希三場《ケジチヤン》、砂末《シヤマツ》、煙科壚《エンチユハー》なり。此十三村にて男女一万人余と云へり。斯く多人数脱走し来る者、皆其本国の政事を執たる官員を怨る様子なり」。十三村で一万人余というから、一八九〇年ロシアの公式統計による一万二千八百五十七人（ウスリー地方南部のみ）に比べて二千人ほど少ないことになる。前記の村名のうち、ロシア資料のシデミ川は柴枝尾として同定できるが、「マングーガイ」川がどれにあたるかは不明である。

瀬脇のウラジオストク滞在中にも、新しいニュースが入った。二年前にウラジオストクにきた朴良英という人は、瀬脇の来た一カ月前ひそかに朝鮮に帰り、また当地にもどっている。この朴良英の話によると、「昨年は亡命の人員二百人余なりしが、今年は五月迄に既に百人余なり。十二月迄には三百人に至らん」とのことであった。この情報は、後にのべる金鱗昇が瀬脇にもたらしたものである。

ロシア当局の朝鮮人移民対策は、歴代総督によって揺れたようであるが、全体としてはその労働力を高く評価する方向にあったと考えられる。例えばつぎのような記述は、当時の代表的見解であったとみられる。「ひとたび故郷を去った朝鮮人たちは、拷問や処刑を恐れて、もはや帰ることはできない。そのため彼らは新しい土地を、自分たちの祖国のように見ている。彼らは力をつくして、移住先の人々と融合しようとつとめている。ロシアの領内に移った彼ら移民の多くは、最初の段階でロシア語を学び、ロシア農民から一部の農作業を学び、その結果多くの朝鮮人がロシア人にやとわれている。

彼らの多くの村々ではロシア語の学校を希望している。こうした諸条件のもとで、朝鮮からの移民はロシアの植民地にとって有益な要素となっている」〔P・セミョノフ監修『美しきロシア』第十二巻（第二冊）、一八九五年、四二四ページ〕

五、諸岡通訳官のナホトカ紀行

瀬脇の『ウラジオストク見聞雑誌』の中には、彼と同行した諸岡通訳官がナホトカ、スウチャン川流域方面へ旅行した報告書が含まれている。これはごく短いけれども、日本人によるナホトカ方面の旅行記としては最も古く、当時の事情を知らせる貴重な資料である。この旅行は明治八年五月十六日から二十二日までの一週間に行われたが、中にはつぎのように興味深い記述が含まれている。

「ウラジーミル、アレキサンドルスカヤの両村はスウチャン河岸に在り、此辺総て広原なり。

地味豊饒にしてウラジワストークより、三、四度も暖気なり。此両村の露人の住家二、三十軒あり。満州人の住家は諸所に散して三百余軒あり。又朝鮮人の住家も百余軒あり。本地の朝鮮人は古来より住する者にして、近来移り来る者に非ずと云へり。此旧住の者を、ダジと称し近年来り住する者を、カヲリーと称す。ダジは、土着高麗人、カヲリーは、高麗人の義なれども新移の高麗人の意なるべし。

本地は遙に海岸に遠き地ゆえ人民皆農業を主とせり。就中満州人には富家あれども、露朝人は皆貧窮なり。是故に本地の露人は、満人に権を奪はれ制せらるる形あり。

本地に生する穀物は、総て皇国に異なる事なし。獣類は、虎、熊、羆、狼、山猫の類多し。又金銀山及び石筆を製する礦物多しと云へり。

此スウチャン河は、其河原より河口まで殆ど五十里あり、河水の両岸は平地にして満州人居住せり。

ナホーツカより三十里西北の内地は多くは満州人のみなり」

諸岡の七年前にこの地を旅行したロシアの探検家プルジェワルスキーも、スウチャン川流域が沿海州海岸で最も土地が肥え、また景色がよいと書いている。

諸岡は短期間の旅行において、満州人には富家があるが、ロシア人、朝鮮人はみな貧しいと観察している。また現地のロシア人が「満人に権を奪われ制せらるる形あり」と書いている。

これについてプルジェワルスキーはどう書いているか。

「スウチャン河谷には二つのロシアの小村がある。アレクサンドロフスカヤとウラジミルスカヤがこれで、両村は隣接して、海岸から十二露里のところにある。戸数は両村とも五つほどだが、前者には一八六四年ニコラエフスクから移された人々、後者にはビャトカ出身（はじめアムール川下流部に住み、一八六五年この地に移住した）の農民が住んでいる。前者は男女十六人、後者は二十七人を数える。両村とも百姓たちはひどい生活をしている」。ところがこの文章のつぎに、プルジェワルスキーの『ウスリー地方の旅』の第二版（一九四七年版）からは削除されている記述が、その初版にはあった。

「隣りに住んでゐる支那人が満ち足りた富裕な生活をしてゐるとき、ロシア人の百姓が、乞食のやうな暮しをし、からす麦のパンさへないのは、実に遺憾である。いよいよ生活ができなくなると、妻を飢死させたまま、自分は浦塩〔ウラジオストク〕に出かせぎにゆく。労賃が相当高く、十分金をもうけるに関はらず、彼らはそこで遊んでしまひ、再び無一文でかへるのである」（姉川盤根訳、昭和十八年、二一二ページ）

ここに移住しているロシアの農民というのは、かつて東部シベリア総督ムラビヨフがアムール地方の植民のために解放した囚人の出であると考えられる。しかし囚人出身の農民にもいろいろあったにちがいない。若いプルジェワルスキーのように、いちがいに断定するわけにもいかないだろう。

また諸岡は前掲の報告の中で、朝鮮人のうち「旧住の者をダジと称し、近年来り住する者をカヲリーと称す」と書いているが、これは誤まっている。「カヲリー」が朝鮮人であることは問題ないとして、「ダジ」（またはタジ）は朝鮮人ではない。「ダジ」はナナイ、ウデヘイ、ウルチなどアムール川下流部および沿海州の原住民のことで、中国人が彼らのことをこう総称したのである。例えば、アムール川下流部の原住民が魚皮を衣服などに利用したことにちなみ、中国人は彼らのことを「魚皮撻子」（ユピタジ）と称したのである。沿海州南部、とくにオリガ湾南部の海岸地方では、ダジ（主としてウデヘイ族）は中国人の小作の形で農業に従事した。作物はジャガイモ、ネギ、ニンニク、トウモロコシ、大豆、カボチャ、キューリ、スイカ、オオムギ、コムギ、ケシ（アヘンの原料として）、コーリャン、キビなどであった（『シベリアの諸民族』一九五六年刊、八三五ページ）

諸岡やプルジェワルスキーが、満州人に富家が多いと言っているのは、ダジに小作させている中国人をさしていると考えられる。

現在、ナホトカ港からハバロフスクへ汽車で旅行する人は、スウチャンまでの間、わりあい豊かな農村風景を目にするであろう。諸岡が旅行したときからすでに百年あまりが過ぎ、この一帯の状勢は全く一変している。今では、この地域の満州人、中国人の多くは中国へ帰され、朝鮮人の多くはソ連領中央アジア方面に移住させられた。また逆に中国領ウルムチのロシア人の多くはソ連へ帰されている。諸民族の住地は、部分的にはかなりの変動をうけている。この問題は、多くの考えさせる要素を提供している。

なお、中央アジアの朝鮮人について言えば、オアシスでの米作を中心に着実に生活の根をおろし、全体としてこの移民は成功したように見うけられる。現在、その人口は三十万を数えている。

六、瀬脇寿人の見たロシア人

瀬脇の報告書を通じてみられる考え方は、残念ながら西洋人、ロシア人の尊重と東洋人蔑視の傾向である。瀬脇がウラジオストクの代弁鎮台〔司令官代理の意か〕アフナセフからきいた当時の市人口は、ロシア人約五千人あまりで、ほかに満州人四、五千人、朝鮮人五、六千人（ただし彼らの約三分の一は季節労働者）がいるとのことであった。

まず、市内のロシア人の家屋について瀬脇は書いている。「煉化石にて作たるは甚だ稀にして、多くは材木のみにて作たる家なり。其結構は、譬へば長さ七間ある家なれば、凡そ一間程宛相隔てて柱を立て、之に横に丸木を積み重ねて壁と為し、屋根は板にて葺き、其内を客室、食堂、居間などに分ち居住すると見えたり。斯く結構は粗製なれど、西洋人、露人は清潔を好めるゆえ不潔なるは少し」。ここに書かれている木造家屋はシベリア各地で多く見かけるものである。

この文章につづいて満州人、朝鮮人の住居が小さく、「不潔汚穢を極めたり」との表現がみえる。たしかに瀬脇の言う通りであっただろう。しかし一方は「主人」として東洋人を「従僕」として安い給料で使う立場にあり、他方はやとわれる以外食う道のない異国からの亡命者または「出稼人」であることを忘れてはなるまい。

船中のロシア人水夫の食べるパンは、「麦の皮あるを粉とし製したる」もので、「晝《ひる》と晩とは骨まじりの粗なる牛肉をソップとし、其汁と肉とを飲食」した。ほかに白いパンもあった。「余も此黒色のパンを食ふたれど、少し酸味ありて随分好き物なり」

瀬脇にはロシアの黒パンが気に入ったらしい。それはよいとして、この皮まじりの黒パンがピョートル一世の「美味美食する事なく、節倹を専らとし、国威を振ふを以て主とせよ」との遺訓によるものだと理解し、「嗚呼不世出の明主なる哉」と感嘆している。いかにも明治人の心理状態がよく出ている。皮まじりの黒パンを見て、勤倹節約であるとして感心することもできるし、家畜飼料なみのものを人間が食べるとして、歎くことも、笑うこともできよう。十九世紀ロシアの一部の評論家たちは、貴族がやわらかい白パンを食べているのにたいし、農民は麦わらまじりの黒パンしか食べられないとして、その不平等を訴えている。これも事実である。要するに、立場によって評価は全くちがうのである。これを、今の日本人はどのように受け取るだろうか。

四月三十日、瀬脇は武藤といっしょに市内の蒸風呂へ行った。「十畳敷程の丸木のみにて作たる一室の内に、方一間位にて高さ八、九尺もあらんと覚ゆる、土にて塗たる暖炉の如き物を構へ、室内の周囲に腰掛を設けたり。此上に坐し居れば、暖炉の火気にて満身に汗を生ず。此時鉄盥に湯を汲み、全身を洗ふ事なり」

このタイプの蒸風呂は古くからロシア各地に広くみられたもので、現在でも珍しいものではない。しかし、とにかくこれに入って、記述を残したのは日本人としては瀬脇が最初であろう。

瀬脇はまた音楽会にも出かけた。彼はあまり気がすすまなかったが、「当地に来て此盛会を見ざれば、日本に帰り給ても、話すべき事なからんとて頻りに進めけるゆえ同行」した。

そこには「見物所」があって、「男女の衆人、椅子に凭て見物」していた。一段高い「幅三間、奥行五間もあるべき一間へピアナと稱する木琴の如き楽器を居《スヘ》て、或は男子或は女子、一人宛之を弾き、別に又一人出て喇叭を吹き、ピアナと調子を合せて歌を謡ふ……」と書いている。

「木戸銭」は五ルーブルで、当時とすればひどく高価なものであった。しかしこれを「学校の入費に備ふ」と知ると、瀬脇は「其勧学の法、心を用ふることを察知すべし」とたちまち感心してしまった。明治の人は誠実で、教育熱心であった。

実際、当時の朝鮮や中国が「蔑視」されるだけの理由はないわけではなかった。瀬脇は書いている。「朝鮮人と満州人との様子を見に、皆自国を尊大にして聖人国と稱し、他国を賤みて悉く蛮夷と為す。然れども所謂野郎、自ら賢と為る者にして、他より之を見れば、其頑愚固陋殊に甚だし」

しかしこの一文にしても、言葉の裏にある彼の真意を汲みとるべきだと思う。明治維新はほんの八年前であり、つい十年ほど前までは鎖国日本も中国、朝鮮とそれほど変わらない状態であったことは瀬脇自身よく知っていたはずである。近代化は当時の日本の焦眉の急務であった。彼はそのことを叫んでいるのではなかろうか。

また瀬脇は武藤がウラジオストク在住のイギリス人からきいた話としてつぎのような一文を記している。「日本国は近来大に開化して東海の一強国なり。其政体我が英国と同一なれば、我甚だ日本国を愛す。……今日本国の位階は恰も支那人の頭上にあり」。明治以後の日本人は、これに類した讃辞をどれだけ多くきいたことであろう。

「あなたは天才だ、あなたは古来有名な誰それさんよりはるかにすばらしい」という言葉を、面と向かって言われるようなものである。讃辞そのものは悪いものではない。しかしこうした讃辞の実体ははたしてなんであっただろうか。「強国」とはどういう意味か。

もう一つ、瀬脇のロシア観を示す一例としてつぎのような一文がある。「寿人按ずるに、過日当所の鎮台アフナセフ氏が、露国にては今年より罪人を移してサガレーン島に植民すと云し所を以て考ふれば、漸次露国の境界を広ふし、国威を域外に張んとする意なり。流石に大国にて船舶、兵隊及び器械の備りたる故なるべし」。他国が「境界を広ふし、国威を域外に張」ることは当時の日本にとって充分理解できることであったのだ。日本自身も、まもなくその仲間入りをはじめた。いや、「台湾征討」にみられるように、すでにはじまっていたのである。福澤諭吉の有名な『脱亜論』は明治十八年に発表された。しかし日本の「脱亜」政策はその十年以上も前から事実上はじまっており、福澤はただ、これを追認的に理論化したにすぎなかったと言うことができよう。

七、瀬脇寿人と金鱗昇との出会い

瀬脇は出発のとき、外務卿寺島宗則からとくに朝鮮の事情を調べてきてほしい旨、依頼された。すなわち瀬脇は「朝鮮地ノ北部魯領ニ近接スル地方ニ入ラバ良港を検出可致事」、「ポッセットに到り時宜ニ由テハ土人ヲ雇ヒ朝鮮地ニ入リ土地風俗等ヲ探索可致事」、「同所〔ポッセット〕ニ於テ土人朝鮮人ヲ雇ヒ入レ郷導トシ事情ヲ偵探可致事」という命令を明治八年四月四日付で受け取っている。命令書は全部で七カ条からなっていたから、約半分が朝鮮に関する事項ということになる。

日本政府はなぜこれほどにも朝鮮の事情を知りたがったのであろうか。

明治維新後、日本と朝鮮との間はとかくぎくしゃくし、意志の疎通がよくなかった。明治六年夏、日本の外務官吏の駐在する釜山の艸梁館の館内に掲げられた伝令書の語辞がひどく無礼だということから、日本国内に「征韓」の議が起こり、「問罪」のために西郷隆盛が自ら大使となって朝鮮に出かけることになった。しかし欧米諸国の視察から帰ったばかりの岩倉具視、大久保利通、木戸孝允らにはばまれ、征韓論は大使の出発直前に破れた。明治七年台湾を占領。明治七年十月、艸梁館長森山茂との間で日韓の国交修復の話がもちあがったが、八年春、状勢一変し、実現を見ずに終わった。その年の秋、日本の武力によって江華島事件が起こり、明治九年二月、はじめて、修好条約が締結されたのである。

こうしてみると、明治八年の前半というのは、日本が朝鮮の情報を最も欲していた時期であり、同時に最も入手しにくい時期でもあったことがわかる。

ロシア領のウラジオストクから朝鮮事情をさぐろうとしたのには、まさにこうした背景があったのである。

このような状況であったため、瀬脇の関心は、当然とくに強く朝鮮事情に向けられた。そして瀬脇があたえられた任務を遂行するうえで、願ってもない朝鮮人がひとり彼の前に現れたのである。それは咸鏡道慶興府出身の金麟昇という者であった。金麟昇を瀬脇に紹介したのは、金と義兄弟の盟約を結んでいた武藤平学定直であった。

武藤によると、金麟昇はもと慶興府の小吏であったが、長官と衝突して官を辞し、「幽居」していた。明治二年、つまり六年前に、ロシアによってウラジオストク港が開かれ、この地に来る者は地所と資本金があたえられるときいて、同志三人とともに越境してきた。来てみると、噂のとおり、地所と資本金をあたえられた。

金鱗昇は明治八年当時、ウラジオストクの北方五十里ほどにある吹風《ツイフン》という三百軒ほどの朝鮮人の村落に住んで「児輩」を教導しており、武藤と金は互いに訪問しあっていた。武藤はあるとき瀬脇に語った。

「わたしは去年、ここから五十里あまりの吹風に、金鱗昇を訪ねて行ってきました。農家や商家など十一軒から招かれましたが、君は日本人だから、我らと同種の人民だと言って、たいへん歓待されました」

「ほう、そんなにもてなされましたか。わたしも機会があれば行ってみたいものですね」

「金鱗昇は簪纓《しんえい》〔高官のこと〕の家の生まれで、漢学の素養が深く、朝鮮のことならなんでもよく知っています。わたしの朝鮮学はすべて彼から受けたものです。あなたも彼に会われたらどうですか。いろいろ役にたつと思いますよ」

瀬脇は武藤の提案に従い、五月十六日朝、武藤に頼んで金をつれてきてもらうことにした。

瀬脇と金は漢文による筆談で挨拶を交わした。

「わたしはあなたの謦咳にはじめて接することができ、たいへん喜んでおります。武藤定直はあなたとかねてから交誼を深くしているとききました。武藤とわたしは同国人です。武藤と親を結ぶことは、わたしと親しくすることと変わらないと思います。どうぞよろしく」

この「どうぞよろしく」と仮に訳したところは瀬脇の原文に「多謝々々、僕浅学短才、不知所以答、幸垂高諭」とある部分である。

するとと金鱗昇は筆をとって書いた。

「わたしは他邦の賤生、たまたま尊顔に接することができました。わたしは才劣り識浅いものです。賢弟の定直とは、親兄親弟と異ならない間がらです。どうぞよろしく」

この「どうぞよろしく」の原文は、「願大人思量無間焉」とある部分である。

そこで瀬脇は書いた。

「わたしは長崎をたつとき、「弊国之醸酒」〔日本酒〕を持ってきました。いっぱい飲みませんか」

金は「喜んでいただきましょう」と答えた。二、三杯酒が入ると、座はずっとくつろいだ。金と武藤は、何事か朝鮮語で話しながら「或は笑ひ或は歎する様子」であった。つづいて武藤が金に朝鮮国王の王統のことをきいた。

「貴国の王統は始皇帝の子孫という説もありますが、ほんとうですか。」

すると金は「然らず々々」と日本語で言い、

「朝鮮王はもと檀木の下に生れたものです。だから王号は檀君というのです。朝鮮は実に長久の国です」と書いて答えた。「檀君神話」のことである。

それから瀬脇は書いた。

「朝鮮と日本は古来同好同文の国です。相親しみ相通じなければなりません。もし外国がこの間に入ってじゃまをすれば、『相禦《ふせ》ぎ相救う』べきだと思います。これこそは『旧盟国の義』ではないでしょうか」

金は答えて書いた。

「そうです、日本と朝鮮はすでに『相盟相通の国』です。緩急の道、相救うべきです。大人の言葉、実に寛厚であると思います。それに他国の書はすでに儒道ではありません。互いに論ずることはできません。しかし日本の書はわたしたちと同道ですから、たがいに話がよく通じ合います」

そこで瀬脇はきいた。

「あなたのような君子がどうして外国に来住されたのですか」

「わたしは国境に接する家に生まれたのでこうなりましたが、君に背き、国を投げうった罪は万死に価すると思っています。大人は、わたしにとって『活人三仏』であります。どうぞお手やわらかに願います」

最後に瀬脇は頼んだ。

「朝鮮には一種の国字があるとききました。わたしのためにこれを一つうつして下さいませんか。お礼はいたします」

「お礼など、とんでもございません。喜んでお手伝いさせていただきます」

瀬脇は別れぎわに、おみやげとして酒を一本贈った。すると金は書いた。

「わたしひとりが酒を飲むのは、『錦繡を着て夜間歩くようなもの』です。持ち帰ってみんなでいただきましょう」

こうして瀬脇と金鱗昇とははじめて出会った。この出会いは、後にみられるように、日本における「朝鮮学」の普及において大きな意味をもつにいたるのである。

瀬脇はこの日の日誌に、金鱗昇の印象をつぎのように書いている。

「鱗昇が気性を察するに、支那風の学生にして、只儒道あることを知り、他国の道あることを知らず。実に笑ふに堪たり。又憐むべし。朝鮮人の気性、鱗昇を以て推知すべし。されど皇国にても未だ彼が如き人なきとも定め難し」

わたしは、瀬脇のこの言葉のうちに、蘭学者、英学者としての彼の本領をみる思いがする。彼が言いたいのは、むしろ後半の言葉ではないだろうか。金鱗昇を例にして、日本の近代化の急務を説いているようにみえてならない。金鱗昇の人物にたいしては、瀬脇はむしろ親近感を抱いたようである。

それ以後、瀬脇は何度か金鱗昇に会い、朝鮮の事情を教えてもらうことになる。あるとき金は朝鮮の現状をなげいて、こんなことを言った。

「今の朝鮮を見るに、天、邦運に符せず、地、民食を養わず。飢寒、身に到る。あに廉恥をかえりみんや。この故に離親棄墓してこの地に来るなり」

金鱗昇の胸中もまた察するにあまりあると言うべきであろう。

瀬脇は朝鮮人の風俗についてもいろいろなことをきき知った。例えば、

「朝鮮人、飲食の時、坐次の事を聞に、年老の者上席に坐し、夫より齢の多少に従て坐し、男子は其前に机の様にて頗る大なる膳を据へ、其上に飯椀、汁椀、平、小皿などを並べて飯汁を盛り、箸と匙とを以て食ふ由。婦人は総て膳なく、椀、皿、平のみを直に坐上に並べ、食ふと云へり。椀、平、皿、箸の類は皆真鍮製の由なり」

また、

「朝鮮にては男子、陰事を以て婦人に迫り、遁れ難き時に至れば、婦人より、阿兄々《アニサン》と呼べば、必ず止て迫らずと云へり。既に阿兄と稱すれば、義に於て兄と為るゆえ、迫らぬ由なり。阿兄と稱してよりは、即日に婦人より酒肴を設け、兄弟の契約を為し、爾来兄と尊敬すべき事なれば、容易に阿兄とは稱せざる由なり、又同国に於て、某氏に某氏の女を娶らんとする時、此趣を官に訴ふれば、官吏来て、同姓ならざるや、又血縁なきやと厳重に探索して後、免許の沙汰を下すとなん。同姓を娶る事、実に厳禁の趣なり」

女性が男性から性行為を強要されたとき、女性の方から「お兄さん」とよべば、男は強要を止めるという話は面白い。兄妹の関係は、アムール川下流部の諸民族ではたいへんきびしいものであった。ギリヤクやナナイでは、兄と妹は直接言葉を交わすことさえも固く禁ぜられた。これは兄妹間の性関係を忌避することからきていると考えられる。朝鮮の場合にも、その痕跡が残っていたことを示している。

五月二十五日、金鱗昇は武藤にむかって、はじめて日本に行きたい希望をのべた。武藤自身は日本の商社にやとわれており、商務で一時帰国することになっていた。

「わたしはかねがね日本に渡りたいと思っていました。このたび、あなたも日本にいったん帰るそうですが、わたしをいっしょにつれて行ってくれませんか。日本を見物し、商品を運んできて利益をあげようと思います」

武藤はこの頼みを瀬脇に伝えた。

帰国予定の六月六日の前日の朝、金鱗昇は瀬脇を訪れ、日本渡航の希望をのべた。そこで瀬脇は武藤を呼んできいた。

「金さんが日本に渡るというのはほんとうですか。旅費と往来免状は大丈夫ですか」

「旅費は少々持っているとのことでした。往来免状のことはきいてみましょう」

武藤は金にそのことをたずねた。

「往来免状ですって。そんなものはいりませんよ」と問題にしなかった。

そこで瀬脇は往来免状の必要なことを、よくわかるように話してやった。金はやっと納得して役所に出かけて行った。そして、その日の午後三時頃には、すでに往来免状を手にしてもどってきた。「往来免状」とは今でいう旅券（パスポート）のことであろうが、当時、受入れ国からの入国査証、つまりこの場合で言えば、日本側からの「ビザ」はどうなっていたのであろうか。

瀬脇は言った。

「武藤をよく頼って下さい。わたしもできるだけのことはいたしましょう。では、いずれ船中でまた会いましょう」

それにしても、なんと牧歌的な時代であったことか。金鱗昇のようなロシアにとって異国の人が、昼頃出かけて三時頃にはパスポートをもらってくるとは。今からみれば、不思議としか言いようがない。国家間の旅行手続は、今ではほるかに複雑煩瑣になっている。

六月六日昼頃出航の予定がかなりおくれて、夕刻にロシアの商船クリエル号に乗船した。出航は翌朝の予定とのことであった。瀬脇は金鱗昇がほんとうに乗ったかどうか、最後まで疑ったが、やはり武藤といっしょに乗っていた。

七日出航。八日の早朝、瀬脇は、金鱗昇が甲板にひとり立って、朝鮮方面をながめている姿に出会った。

「あれは、あなたの故郷の慶興府あたりですか。故郷がこいしいと思いませんか」と瀬脇はきいた。すると、金はつぎのような一首を瀬脇に示した。

「青袍一生、火輪の舟。遥かに慶興を望み、意悠々。花開き花落つ、他郷の涙。雲去り雲来る、故国の愁」

六月十二日、「炎熱焼が如」長崎に上陸した。瀬脇は所用のため数日間長崎に滞在したが、武藤と金のその後の行動は不明である。

八、金鱗昇の来日と『雞林事略《けいりんじりやく》』

金鱗昇は日本に渡ってからどうなったか。わたしはたまたま、瀬脇寿人と香川県人林深造との共著になる『雞林事略』(明治九年四月発行)の序文に金鱗昇の名を見出した。『雞林事略』は、明治維新以後朝鮮の事情をまとめたものとしては最初のまとまった書物と考えられる。木戸孝允の題字があり、出版も瀬脇と林の両名によってなされている。

金鱗昇は漢文で本書の序文を書いている。

彼はまず明治八年四月、瀬脇寿人がロシア東辺のウラジオストクへ出張したとき、現地で彼と知遇を得、それがもとで東京にやってきたことを書いている。そして東京で香川県の士人林深造という知識ある人と知り合い、「閑坐して筆語し」あった。朝鮮の事情をいろいろときかれること約一カ月、林氏によってまとめられた本書が完成した。瀬脇氏と林氏とが共同で、朝鮮に関する古い諸書を参考にして編纂し、それに彼らの質問にたいする金鱗昇の回答を加えたものであった。書名の『雞林事略』も金鱗昇の命名であった。その意味では金鱗昇も共著者のひとりに加えられるべきであろう。

「雞林は高句麗の古郡の号なりと雖も、実は朝鮮国の昔時の名なり。朝鮮の人、未だ雞林の意を詳かにせざる者、十居て八九なり。此に依って題を作す。此篇の稽古詳今、何ぞ是の如く綜明なるや。嗚呼我れ朝鮮に生れ、年十六より公門に出入し、公書を略渉す。其講究するところ、反って此篇の詳にして実なるに如かず」と彼は書き、「其の纖実無遺、余、此の篇を読んで、瞠然自失、云う所を知るなし」と結んでいる。

日付は明治九年四月となっているが、彼は前年六月からずっと日本に滞在したのであろうか。本書は二巻に分かれ、巻之一は、全国の位置、島嶼、山川、気候、地味、産物、国郡・都城附戸数、宿駅・道路・橋梁、政綱、文学並言語・文字、風俗、貨幣、度量衡、量田、里程の十五項からなる。巻之二は、兵制、試取、兵船、城堡、軍器・軍装、警急、烽燧、錬兵、侍衛・入直・行巡附門開閉、符信、兵籍、免役、救恤・休暇、留防、褒貶、軍刑、駅馬・廏収の十七項からなっている。

このうち、「風俗」の項はかなりの部分が金鱗昇から出たデータと考えられる。瀬脇の報告書中にある資料とだぶっているものもいくつかみられる。朝鮮について、同じく百科事典的知識を提供することを目ざした書物が明治十八年に鈴木信仁著『朝鮮紀聞』として博文館から刊行され、「大に世に行は」れた。しかし『雞林事略』はその九年前であり、日本との間で修好条約がはじめて締結された年である。内容も全く趣を異にしている。

『雞林事略』は今ではたいへんな稀覯《きこう》書であり、国立国会図書館でも特別保管本になっている。以下、付録として、その「風俗」の項の全文をかかげておこう。

なお、金鱗昇のその後の行動は今のところわからない。しかし日本にはじめて朝鮮の生活をくわしく知らせた業績は評価されるべきであろう。わたしはかつて、ポルトガル人のバスコ・

ダ・ガマの船をはじめてインドに案内したイブン・マージドというアラビア人水先案内が、その後のヨーロッパ人のアジアにおける非道な所業をみて、「ああ、わたしがもし彼らのことを知っていたならば」と言って、自分が彼らを案内したことを後悔したという話を読んだことがある。イブン・マージドが案内しなくても、ヨーロッパ人はおそかれ早かれ、アジアに入ったことはまちがいない。しかしイブン・マージドは最初の案内人として、やはりつらかったのであろう。

金鱗昇はもちろん、有名な政治家や学者ではない。彼は市井の名もない民衆のひとりにすぎなかった。彼が瀬脇寿人や林深造とともに、朝鮮人の生活をはじめて日本に紹介したことは、両国民の理解のために役立ったと考えるべきであろう。金鱗昇はその方向をこそ信じたのであって、それが日本の指導部によって朝鮮進出に利用されることは全く考えなかったにちがいない。

わたしはここで、帝国主義時代における民族学とインフォーマントとの関係を連想しないわけにはいかない。民族学は所詮、「諸刃の剣」的性格をぬぐい去ることはできないのだろうか。人間にとって知識は唯一の相互理解の道具である。しかしこの道具が相手をあやめる武器に転化するとすれば、わたしたちは、いったい、なにを頼りに生きていけばよいのであろうか。結局のところわたしは、知識が相互理解に役立つという方向を「信じる」しかないのではあるまいか。

『雞林事略』における朝鮮の風俗――維新後、日本で発表された最初の朝鮮民俗学

國内、支那の正朔を奉ずと雖、其服飾は清朝の禮に従はずして、明朝の制を取る。其制數多あり。冠帶、直領、帖裏、道袍、鶴氅、等各別なれども、大抵大袖長裾なり。冠は、幞頭、紗帽、紫巾、艸笠、紺土等あり。又履は、皮靴、艸鞋、木履等あり。

頭髪、男子は、長髪を頂上に束ね、其髻、螺旋狀を爲す。之を上土《シャント》と名け、簪を頭上に插む。簪は、王、金を用ひ、官長、銀を用ひ、庶人、黄銅を用ゆ。

婦女は、髪を頭後に結び、笄を挾む。衣服は、濶袖にして下に我國の袴に似たる者を穿ち、履を蹈む。齒を染め、眉を掃ふの事なし。

堂上官は、皆頭上に綱巾を戴き、耳後に金、或は玉 小 小球を懸く（嘉善大夫以上は、金、通政大夫以上は、玉）。堂下官は、之を懸ず。又高官に非して、玉を懸る者あり。雜技を以て資を得る者、及び粟を官に納めて、資を賜ふ者等是なり。然れども此等の懸る所は、堂上官と差別あり。

衣服は、官吏、綾羅繡段を用ふ（但し三品以上に限るなり。富る者は、帛を用ゆれども、其位あるに非れば、繡紋ある者を用ふる事を得ず）。小官は、布麻等を着す。庶人は、木棉、或は布の白き服を衣るなり。

宮室家屋の制作、大率日本と同じ。京城の地、及び府郡、繁華の地は、結構頗る觀べき者あり。然れども廣大の室を備へ、瓦を以て屋を蓋ふ者は、富人能く之を爲すのみ。貧者は矮小の家にて、藁葺なり。邊鄙の地に至ては、街巷隘挾、室廬挾小、其汚穢實に厭べし。

家舍の制、定度を踰る事を得ず。大君は六十間、王子君、公主は五十間、翁主及び宗親、文武官、二品以上

は四十間。三品以下は三十間。庶人は十間なり。

温暖の地に在る者の坐席、日本の物に類す。北方、寒冷の地に住する者は、牀下に石を積累ね、石の間に管状の細路を數多設け、竈炎を引て、其間に通ぜしめ、冬時暖を取の備とす。然らざれば、坐上の液類、皆堅冰を結び、寒氣に堪ること能はず。

炊飯、割烹の法、及び酒類の醸造は、日本と甚だ異なる事なし。

京畿道、忠清道、全羅道、平安道の人は、常食、皆白米を用ゆ。貧家は麥飯を食ふ者あり。慶尚道、江原道等の人は、富家にても、多くは半粟なり。咸鏡道に至ては、富貧共に粟を食ふ者多く、十日に兩三度、白米飯を炊く家を目して、中人以上の者とす。

國俗、烟艸を嗜む。客到れば、延て房内に至り、先づ烟艸を出して、饗應する事、日本にて茶を饗するが如し。主人烟艸を拈て、之を長管の端に塡め、先づ客に進む。客之を受け、己の坐より四、五尺も隔りたる、火盆の内に、其管の一端を向け、火を取て烟を吸ふ。此を待遇の鄭重なる者とす。其管の短くして、自ら烟草を拈り、自ら火を取は、下賤の人の事なり。高官の人は、道路を往來するに、従僕をして、五、六尺もあるべき烟管を携へ行しむ。

茶は、間これを用ゆる人あれども、平常之を喫せず。又客の來る時にも茶を以て饗せず。檳榔子を煮て汁を取り、茶に代て用ふる事あり。又柚豫《ユヅ》の皮を乾し、茶に雜へて用ふる事あり。

檳榔子を口に銜めば、終日道を行て、食せざれども、飢渇の患なしとて、大に之を稱美すると云。

食飯は、大半一日三次なり。又短日の時は、唯二飯にて止む事ありと云。

貨幣は、唯銅縣ある耳にて、金銀幣なく、銅錢の貴き事、我金銀錢の如し。方今行ふ所の常平通寶は、我寛永通寶（二十文錢）と同じ大さにて、其重量も大抵同じなり。此錢十三文にて、旅客一日の費を償ふに足と云。

（朝餐四文、午飯三文、晡五文、宿料一文）なり。

旅人盤費を齎すに、皆銅銭を背に負ふ。我貨幣の、數百金を懐にすべき如くならず、其不便想ふべし。然れども、物價も至て廉なれば、僅に數百錢を負へば、千里の旅行に差支ゆる事なし。

國内貿易甚廣からず。多くは其土地の出す所を以て、亦其地の物産に易るのみ。内地々形険難の所多く、舟車の便自由を得ず。故に南地の物産は、北地に輸す事少く、東道の獲る物は、西道に缺く。加え、外國と貿易する事少きが故に、其所住の地に産する物の外は、天下の物産此に止まる、と思ふ者あるに至る。外國と貿易するは、方今皇國と支那滿洲の三國のみ。此外の國に、朝鮮の産物を輸出するは、皆奸細の輩、竊に爲す所なり。國法、之を潛商と稱し、若し發覺する時は、嚴刑に處せらる。

日本と互市するは、皇國の商賈、慶尚道東萊府の草梁項に至り、公買するを例とす。然れども、公買にては、利を得る事少しとて、日本の商人昔時は、故意に難船の體を爲し、濱海の地に漂ひ、竊に彼土民等と交易する事ありしとぞ。

毎歳一度、滿洲人と互市する事あり。其地は、咸鏡道會寧府と、慶源府との兩所なり。或は單に一所に開き、或は兩府並び開く事あり。單に開くを單市と云ひ、並び開くを雙市と云ふ。其物品は滿人の持來る所、年年同じからず。滿商は貿易の業に熟するを以て、朝鮮人の需用する物と見る時は、何品を問ず、之を輸入するなり。朝鮮より出す所の者は、虎皮、豹皮、牛皮、麝香、人蔘、海蔘等なり。

技藝は、日本と大抵似たれども、甚精巧ならず。唯、紙、筆、陶器、漆器、刀劒の類は、日本と殆ど一手に出るが如き者あり。

耕作の法は、日本と同じ。農具も亦大に異なる者なし。牧畜は、馬、牛、鷄、犬、豕、のみにて、羊を畜ふ者少し。馬は、乘馬、駄馬、とも並び用ふ。牛は、或は耕作に用ひ、或は食餌に用ふ。富家にては、一戸にして、牛豚數十頭を養ふ者あり。或は自ら之を屠り、或は屠者を雇ふて屠らしむ。牛を屠るは、國禁の由なれども、行はれ難き事と見え、自ら屠て之を鬻く者あり。然れども、中人以上の者は、屠牛の肆に入事を恥ると云。

國俗、舊習を脱して、新法を行ふ事を好まず。大率固陋の風に安んじ、自ら是とする者多し。疆土を開擴し、物産を盛昌にし、廣く貿易を起す等の事に至ては、之を問ざるに措く。國内、金銀礦頗多と雖、之を掘取る事を爲さず。空しく至寶を土中に埋め、山林鬱葱として、樹木伐に勝べからずと雖、之を剪伐せずして、徒に枯槁せしむ。其故を推に、國法の然らしむると、鬼神の禍祟を畏るると、懶惰の氣質とに因なり。西北道の人は、天性精悍にして、能く業を勸め、南道の人は、優柔驕奢、遊食の者多し。

冠、婚、喪、祭の禮は大抵、明朝の制に基づく。

男子十五歳より二十歳までの内に、冠禮を行ふ。其式は、大抵新衣を服し、網巾を頭に著け、帽子を戴き、天地四方並に祖先父母を拜し、師友親戚を招て、大宴を設くるなり。

婚娶せんとする時は、兩家、先其状を地方官に呈す。地方官乃ち其家に來り、婿婦の同姓、異姓及び血脉の親疎を檢査して、後之を許す。若同姓、或は血縁ある者は、之を許さず。

男、年十五、女、年十四より婚娶するは、國の成法なれども、其俗、豪富の家にては、男子十五歳を以て、婦を娶るの期となし、十六、七歳まで獨身なるを恥とす。而して女子は二十歳に近くして嫁するなり。故に多くは夫の年、妻の年より少し。大に他國の俗と反す。

士族の妻、再嫁する者は、其子俊秀の者ありと雖登用せず、三夫に改嫁する者は、罰あり。

喪禮は、父母の喪三年。祖父母の喪一年。高祖父母の喪三月。子の喪期年。嫡孫の喪も期年。曾孫の喪三月。兄弟、姉妹、伯叔父母、姪及び姪女は、各期年。從兄弟姉妹は各九月なり。

父母の喪に在る者は、宴樂に與り、妻妾を娶る事を許さず。
五服とは、斬衰三年、齊衰三年、大功九月二十日、小功五月十五日、緦麻三月七日を云なり。
親戚を稱するに、寸を以てす。其法左の如し。
三寸　父の兄弟、即ち伯叔父なり。母の姉妹同じ。
四寸　父の兄弟の子、即ち從兄弟なり。
五寸　父の四寸兄弟、即ち再從兄弟なり。
六寸　父の四寸兄弟の子、即ち三從兄弟なり。
七寸　父の六寸兄弟。
八寸　父の七寸兄弟。
九寸　父の七寸兄弟の子。
十寸　父の九寸兄弟。
一寸、二寸は、己と親なり。十寸以上は、親戚の部を離るるなり。
同姓の人は、必ず其祖宗の出る所を論ず。之を本《ホン》と云ふ。族譜を記するに、某本某と云ふ。其人の祖先は、何道何府より出て、何族なりといふ心なり。異本の人は、同姓にても親族と見做ざるなり。
男子生るれば、其名を命ずるに、漢字を以てす。皆音讀なり。或は、幼名には、漢字を用ひずして、唯國字のみを用ふる者あり。女子は、多く國字を用ふ。又某氏の一女二女と稱して、全く名なき者あり。書札などには、某人の室人某氏とのみ書す。或は、漢字を以て名くる者あれども、草木禽獸に關係ある字面を取らず。唯妓女俳優等は、皆漢名なり。草木禽獸の名を取る。
男子名を命ずるに、曾祖祖父、及び父の名と同字を用ふる事を諱む。兄弟は、二字名なれば、一字は必ず同字を用ふ（兄の名碩徳なれば、弟は仁徳と名くるの類なり。兄弟幾人ありとも、皆此例なり）。一字名なれば、其字の偏傍を同ふす（兄の名欽なれば、弟は銓と名づくるの類）。

國人相交るに、親しくなるに及ぶ時は、必ず義を結んで、親子兄弟姉妹の約をなす事、男女を論ぜず。其義を結ぶの後は、互に實親の如く取扱ふなり。

男子婦人に逼り、遁べからざる勢あれば、婦人急に、賢兄、或は賢弟と呼ぶ。其一言を聞時は、男子復逼る事能はず。改て兄弟姉妹の約を爲と云。

國俗、男を尊て女を賤しむ事、支那と異なる事なし。中人以上の婦女は、専ら縫績を事とし、中饋を掌どるのみ。中人以下の妻女は、各般の賤業を執り、其夫をして重を負ひ難を執しめず。

婦女は、貴賤となく、學業を脩むる者なし。妾の子を賤しむ事、嫡妻の子と霄壌の異あり。妾の内にても、良賤の別あり。良妾の子は猶人と齢する事を得れども、賤妾の子は、奴婢までも、主人の取扱を爲ざる程なり。

士族は、世々其族を永襲すれども、祿なし。出仕するに及んで、始めて祿あり。清班（世々仕官を絶ざるもの）の蔭子も、出仕せざる者は祿なし。

士族、嗣子なき者は、近親の者をして、家を繼しむ。妾の子ある者は、嫡を承て家督相續するなり。

士族は、各道に居住すと雖、就中忠清、全羅、慶尚、江原の四道に住する者最多し。田産ある者あり、無者あり、田産に富む者は、出仕を好まざる者多し。其小吏たる者は、大抵祿の爲に仕るなり。

僧徒は、王城内に入る事を得ず。閭閻に宿する事を得ず。街路にて魂を唱ふる事を得ず。平時山に在り。寺院は極めて高敞の地を擇ぶ。其結構日本の佛寺と同ず。僧徒寺門を出て、道に俗人に逢へば、必ず合掌拜揖して過ぐ。僧徒、平時寺に在れば、多く閑暇なり。皆筆、墨、紙を造る事を業とす。國中所用の筆墨紙は、大約僧徒の造る所なり。獵戸は、皆手銃を以て、獸を獲るなり。國内虎多く、人を害するを以て、虎を捉ふる者を、最上等の獵戸となす。

因に云、其國人の言を聞に、虎の人を畏るる事、人の虎を畏るるに倍す。山路若虎に遇ふ時、畏怖せずして、徐々と歩行すれば、虎敢て害を加ふる事なし。若畏怖して忽ち氣絶し、地に倒るる時は、虎其状を熟視して、後に害を加ふ。又我より其怒を挑めば、虎乃ち之を攫む者とぞ。昔者、豐臣公征韓の時、加藤氏虎に遇て驚かず、虎、尾を低て退きしとあるは、恰も此説に符合す。

屠者を稱して白丁と云。國人之を賤しむ事、日本の舊時の穢多に同じ。或は自己の家に雇ふて牛豚を屠らしめ、食膳を與ふと雖、其器皿は、再び平人の用を爲ざる者とす。

土俗深く鬼神の説を信ず。火災あれば之を土靈の祟といひ、水災あれば之を水神の祟といひ、又虎に寄せらるる者、年々幾百人なるとを知らず。之を縁數なりといひ、皆鬼神の使むる所となすなり。

自國を尊んで、外國を賤しむ事、最甚し。方今西洋諸國にて行はるる事は、概して外夷の俗といひ、一切拒絶して取らず。間々西國の事を説く者あれば、之を造言妄説となす。近世支那にて譯述せし書と雖、西國の事に關係する者は、之を讀む者少し。器械雜貨に至る迄、西國の物を用ふる事を忌む。方今外國と相通するは、日本、支那、滿洲、琉球等に限るなり。

日本の使臣は、釜山浦の和館と、東萊府の草梁に入るるなり。然れども、館の外には關門あり。官吏之を守て其他出を許さず。方今新に條約を結べるにより、又別に港を開くべく、隨て法則も改るべし。

支那の使員至れば、之を宮城内の上闕に入らしむと雖、往返の道筋には、迎送の使員、支那の使を導きて、故に迂遠の道を通行せしむ。是れ内地の形勢を探らざらしむるの策なるべし。魯西亞の使者偶北邊に至とあれば、地方官送迎して、來意を問と雖、其應接は唯地方官に止り、京城に入り、京官に接する事を許さず。琉球

らずといへり。人其地に至る時は、日本人を待すると異なる事なき由なれども、昔時兩三度、漂着せしのみにて、其後絶て至

自國の政事を外國に洩すは、國の大禁なるが故に、其官吏は、外人と交通することを避忌と雖、邊地の民に至ては、其同人種、同文國の人の、偶其地に來るを見れば、之を延て其家に至り、懇切の情を述べ、愈親しくなるに及んでは、其年齢の長少に随て、或は叔伯と稱し、或は兄弟と稱し、親戚の如く待すと云。僻陋の民、眞摯の情を存す。亦嘉尚すべし。

横文を用ふる國を見る事、人類に非ざる者の如し。現今國民其政府の苛酷を厭ひ、亡命して俄領〔ロシア〕の地に往て住する者、數千人あり。皆本國に歸ることを得ざる者なり。然れども、依然として舊觀を改めず、俄國を見こと、仇讐の如く、其文を讀み、其俗に倣ふ者なし。偶これあるも、利の爲にするに過ざるなり。

第二章　ウラジオストクにおける日本の「官」と「民」

一、「官」としての「日本貿易事務官」　川上俊彦《かわかみとしつね》

瀬脇寿人の旅行の翌年、つまり明治九年六月、ウラジオストクに、沿海州方面の日本人居留民を管轄する日本政府の常設機関として「日本貿易事務館」が開設され、初代の事務官として瀬脇寿人が着任した。この場合の「貿易事務官」というのは、実質的には領事のようなものと考えられる。瀬脇は、すでにのべたように、明治十一年十一月、ウラジオストクから帰国の船中で病死した。

その後、ウラジオストクと日本との関係は着実に強化していった。この港に寄港する日本船の数は一八八〇年はわずか一隻にすぎなかったが、八一年四隻、八二年十一隻、八九年二十隻、九〇年三十五隻、九四年五十二隻、九六年五十六隻、一九〇〇年には六十九隻に達している。そのときにはすでにイギリスとドイツを抜き、ロシア以外の諸国では最高に達したのである。ことに一八九一年におけるウスリー鉄道の着工以後は日本人の移住者が急速に増加した。

当時のシベリア居留民の多くは九州出身者とくに長崎県人が圧倒的に多かった。その頃ウラ

ジオストクに行くためには「ロシア語を学ぶよりは、まず長崎のバッテン語を覚えて行け」と言われたほどであった。ずっと後のことであるが、ウラジオストクで発行された邦字新聞『浦潮日報』（大正七年元旦号）にはつぎのような記述がある。

「浦潮における日本人の今日の地位と勢力の開拓者は何を謂っても長崎人を推さねばならぬ。それは、浦潮と長崎間の航路の関係が然らしめたのである。十数年前から浦潮と敦賀、新潟、小樽間の航路も開始されたが、矢ッ張り在留邦人の七、八分通りは長崎人である。去れば浦潮における日本人のお正月の御料理は先づ以て長崎式と謂って可ならん……。蓋し長崎の習慣として兎角御料理に張込むのは長崎は夙に支那と交通関係上何時しか支那人の御料理を模倣するに至れるならんが、其長崎人が浦潮に移住して来てそれに露西亜人の御料理を混合したのであるから、浦潮に於ける日本人のお正月の料理は謂はば和漢洋混合料理とでも謂ふべきか」

しかしこの居留民のうちでいわゆる「娘子軍」つまり娼婦たちが大きな比重を占めたことは、痛ましい事実である。

旅行者もしだいに数を増し、貿易事務官の仕事もしだいに忙しくなった。瀬脇の後、松平太郎、寺見機一、二橋謙らがつぎつぎに着任し、明治三十三年、ウラジオストクと特別深い関係をもつに至る川上俊彦が赴任した。ここで、ウラジオストクにおける「官」の一代表として彼の略歴を紹介しておこう。

川上俊彦は文久元年（一八六二）十二月二十九日、越後村上藩の家老職の子として新潟県岩船郡村上本町に生まれた。明治十七年七月東京外国語学校露語科を卒業、はじめ外務省用度雇員として勤めたが、明治十九年に領事館書記生として釜山領事館に勤務した。これが川上と大陸との関係の発端であった。釜山では英語の勉強をはじめ、明治二十四年サンフランシスコ領事館の書記生に転じた。明治二十五年五月、公使館書記生としてペテルブルグにおもむき、三十三年九月ウラジオストクの貿易事務官となった。

川上は日露戦争勃発直後にウラジオストクを引き揚げ、明治三十七年満州派遣軍の司令部附となり、乃木、ステッセル両将軍が水師営で会見したときは通訳にあたった。戦後の明治三十九年三月、再びウラジオストクの貿易事務官となり、明治四十年ハルピンの総領事となった。ここで伊藤博文が遭難したとき、川上も負傷した。ついで明治四十五年モスクワ総領事、大正二年官を辞して南満州鉄道株式会社理事となったが、この間大正六年に約四カ月間ロシア国内各地を視察した。大正九年特命全権公使としてポーランドに駐剳、大正十二年帰国し、当時来日していたソ連外務大臣ヨッフェと会談した。ヨッフェは帰国後まもなくスターリンににらまれて左遷され、ピストル自殺した。

川上は大正十四年モスクワにおける石炭・石油利権契約締結交渉に参加、大正十五年北樺太鉱業株式会社社長、昭和二年日露漁業株式会社社長となり、昭和十年九月十二日鎌倉において死去した。

川上は貿易事務官のときシベリア事情を外務省に報告した。これは『西比利及満州』という表題で明治三六年民友社から単行本として出版された。

日露戦争直前、川上俊彦は、領事に比べて権限の狭い貿易事務官では、日本人居留民の面倒が充分に見られないとして、領事館に格上げするようたびたび日本の外務省に上申書を提出している。しかし、ロシア側の同意が得られないため、日露戦争後までこの上申は実現しなかった。つまりロシア側としては、軍港ウラジオストクに日本の領事館をおくことは得策でないと考えたのである。

二、「民」としての「西本願寺布教場」 太田《おおた》覚眠《かくみん》

ウラジオストクには、いわゆるお西様の布教場が開かれていた。中世以後キリスト教の宣教師は世界各地に出向いて布教に従事したが、彼らはおおむね異国に進出した自国民のためというよりは、むしろ他民族の教化を目標とした。しかし本願寺の布教場が対象としたのは日本人居留民であって、ロシア人の教化ではなかった。ただし、ロシア革命後の「シベリア出兵」のときに、布教場の僧侶（開教師）は「官」と一体になって日本帝国主義の「宣撫」の役割をになったこともあるにはあった。しかしこれもロシア人を仏教に改宗させるための活動ではなく、政治的な色彩の濃いものであった。

本派本願寺のウラジオストク布教場が開設されたのは明治二十四年のことである（本派本願寺編『シベリア開教』昭和十四年刊）。初代の開教師は、佐賀県神崎の円楽寺の住職多聞連明師で、この人がウラジオストク本願寺の開基とされている。多聞師はこの地で歿し、市の北郊山麗の日本人墓地に「弘誓院釈連明法師」と刻まれた長方形の石塔が建てられていた。ウラジオストク本願寺ではこの人の命日を「多聞忌」と名づけ、毎年法要を営んでいた。この坊さんはなかなかの酒豪で、また書に妙を得ていたと伝えられる。

多聞師の死後、山口県萩市三千坊の住職矢田教証師が山命によってウラジオストクに渡航し、明治二十七年市内のセメノフスカヤ街に堂々たる煉瓦造りの会堂を建築した。会堂の敷地は、極東におけるロシア海運業の開拓者であるセベリョーフの所有地で、十年間無料使用、十年後には家屋を地主に引き渡し、それ以後は家賃を支払って使用するという契約であった。セベリョーフはもともと蒙古貿易で産をなした人で、本宅はキャフタにあった。ところがこの人の息子や娘をわが子のように育てたのが「おすが」という日本女性で、大正六年当時ですでに三十年以上勤続したという。この「おすが」さんにはひとりの男の子がおり、ウラジオストクにつれてきていたが、セベリョーフの世話でペテルブルグの大学を卒業、学者として日本に帰り、神戸高商の教授、京大講師であったという（『浦潮日報』による）。私は数年前、この教授がペテルブルグ大学の卒業論文として書いた「日本人の自然観」が同大学に保存されていることを知ったが、残念ながら名前の方は失念してしまった。

ウラジオストク本願寺の主任開教師はその後いく度か交代し、明治三十三、四年頃の一時期には清水嘯月という鹿児島出身のいっぷう変わった人が駐在した。この人ははじめ「花田仲之助」として職業軍人の道に入ったが、どのような心境の変化か、途中で再び出家して京都の善休寺という寺の衆徒となり、大谷光瑞師の知己を得てウラジオストクに派遣された。清水師は在任中に居留民を勧誘して維持会を組織し、毎月積立金を貯蓄してその額数千円に達した。またハバロフスク駐在の安倍道溟師を助けて同地に布教場を建て、シベリア各地を歴遊して満州に出、奉天でラマ教を研究した。チベットに入るつもりだったといわれる。ところが日露間に風雲急をつげるや、またも法衣を脱いで軍人となり、戦功によって歩兵中佐にまで累進した。戦後はまた軍人を止め、鹿児島に報徳教会というものを組織し、数万の会員を擁したと伝えられる。清水嘯月イコール花田仲之助は、ウラジオストクの「民」と「官」の「相互乗入れ」の典型的な例と言えよう。私の卒業した山口県宇部市上宇部小学校の校庭には、花田仲之助の揮毫になる「克忠克孝」の石碑があったことをおぼえている。

本願寺布教場は昭和十三年一月、戸泉賢龍布教師の引き揚げまでまがりなりにも存続した(布教場の閉鎖は昭和十一年十一月)。

しかしウラジオストクの本派本願寺布教場のことを言うとき、太田覚眠は忘れてはならない存在であろう。彼は花田仲之助とはちがって、仏教者として生き抜いた人物である。

太田覚眠の生いたちについては、昭和三十八年発行の『太田覚眠師追想録』に発表された嗣子太田宏宣師（数年前故人となられた）の「父覚眠の思い出」によって知られる。これによると、覚眠師は幼名をたけ磨と云い、四日市市川原町にある法泉寺（浄土真宗西本願寺派）十三世住職諦念と母けいの次男として慶応二年九月十六日に生まれた。諦念には二男二女があり、長男諦成は法泉寺第十四世住職を継承したが、明治四年四月二九日逝去した。次男の覚眠は当時まだ六歳であったので住職になることができず、長崎市観善寺橘師の長男覚恵が十五世として迎えられ、明治十年入籍した。この覚恵師はなかなかの人物で、前記『追想録』所収の野崎善三郎氏の思い出につぎのように書かれている。「お布施の多少に拘わらず仏事に応わしいお経を読み、貧富の別なく供養をなさるので、俗受けを気にする坊さん方に較べて格段の異色があったから、貧者には喜ばれたけれど、富者には何となく物足りなさを感ぜさせたようであった。この老僧は痩軀長身で頭髪白く、子供の私には絵に画いた七福神中の寿老人を感じさせる風貌であった。……元来、老僧は寡言無欲で貰うた物は自坊へ帰れば近所の貧困者にわけ与え、殆んど手許には残されなかった」

覚眠はこの養父覚恵について仏学を、また大鐘の賢励師について漢学を学んだ。しかし法泉寺の同行は全部で約八〇軒、多くは万古焼の素地製造を手内職とする小作農であった。当時万古焼は極めて不振で、米の一升買いをする家庭が多かった。したがってこうした家庭の布施を唯一の収入源とする法泉寺の財政も貧しく、「雨もりを防ぐに盥で受けたり、万古の素地製造の手内職までして」いる有様であった。覚眠師はこうした環境で成人したが、青年期に入ってお寺を出、上京して八百屋の小僧、あるいは政治家の書生となってロシア語を学んだ。安井亮平氏の教示によると、明治三十五年頃東京外国語学校にロシア語別科というのがあり、その第一年生に八杉貞利、荒木貞夫とともに太田覚眠の名が見られる。一介の書生がロシア語に着目したということ自体がなかなかの見識というべきであるが、それがどのような影響によるものか、つまびらかにし得ない。明治三十四年三月七日、養父覚恵の逝去によって帰郷し、同年法泉寺の十六世住職となった。このときには、東京で結婚した夫人を同伴していた。しかしその二年後、法泉寺には役僧をやとい、自らは夫人を残して本願寺開教師としてシベリアに渡ったのである。この夫人とは後に離別したらしい。ロシア語学者八杉貞利は、一九二〇年ウラジオストクを旅行したとき、八月六日、アレウツカヤ街の端末にあった本願寺を訪れ、太田覚眠に面会した。彼は書いている。「五〇前後の人にて、去る明治三十四年の頃、自分が外語の専修科に入りたる時、師も亦入りたる由。それより之を畢らずして此地に来ることとなり今日に及べるが、露語は終に学ぶ機会無かりしと言ひたり」(『ろしや路』昭和四十二年刊、一一八―一一九ページ)

覚眠は、後にのべるように、ウラジオストクで日露開戦を迎え、最後の引揚船で帰国する川上俊彦事務官らと別れ、「ご本尊」を背負って逆に単身ブラゴベシチェンスクにおもむいた。それから「シベリアで捨てられた」八百余名の同胞と苦労を共にし、ドイツ船ウィンバード号に乗って、明治三十七年十二月六日無事長崎港に帰還した。

その後まもなく、従軍布教を願い出て奉天会戦に参加、その後は敵味方の戦死者の霊を弔うため各地の戦跡を巡った。覚眠はその当時戦場で乃木将軍に会い、またその六年後ウラジオストクで再会する機会をもった。覚眠はそれから三十年あまり後（昭和十三年）、モンゴルの莫力廟集寧寺においてこの出会いを回想し『乃木将軍の一逸詩』と題する一文を発表している。

乃木大将は明治四十四年、伏見宮の随員として英国皇帝の戴冠式に参列し、シベリア鉄道経由で帰国する途中であった。

覚眠はまず、日露戦争のとき、奉天付近の造化屯で将軍と言葉を交わしたときのことからはじめている。

将軍は尋ねた。

「従軍僧は此光景を如何に見らるるか」

「まことに残酷な事であると思います。しかし一殺多生です。大なる平和を得んがためには忍ばねばならんのでしょう。一殺多生は菩薩の行です」と覚眠は答えた。

すると、将軍は少し考えてから言った。

「一殺多生菩薩行、まことによい言葉じゃ。しかし私のはその反対で一生多殺じゃ、多くの人を殺した。でも不思議に自分は生きている、一生多殺じゃ。一生多殺では極楽参りはできないだろう」

それから六年後、ふたりはウラジオストクで再会し、将軍は覚眠に「寄覚眠師」と題した七言絶句を一枚の用箋に書いて贈った。ところが、覚眠はそれを紛失してしまうのである。しかし彼は、はじめの二句はたしかにおぼえていた。

一殺多生菩薩行

一生多殺恥残生

そこで、後の二句はどうしても思い出せないまま、将軍の話をもとにして自分で補ってみた。

堪憐陣歿少年子

太田覚眠

独使老爺謳太平

「錦繡を綴るに襤褸を以てした憾はあるが、残欠の儘にしておくに忍びず、一絶句に纏めて、平生吟誦し、将軍を偲ぶよすがとも致したいと思うのである」と覚眠は書いている（同書、二六ページ）。

覚眠は明治三十九年、開教師主任として再びウラジオストクに渡り、布教場を再興した。日本のシベリア出兵中はシベリア各地をまわって「日本の出兵の趣旨を説き諭し、及物質欠乏難を慰めんために薬品、煙草などの施与を為し宣撫工作に奔走した」。ブラゴベシチェンスクでは、説教後に現地の著名な革命家ムーヒンから日本のシベリア出兵についてするどい詰問をうけている。

覚眠は昭和六年十二月まで、ウラジオストクに残ったが、後事を戸泉賢龍に托して日本に引き揚げた。昭和十一年七月七十一歳で通遼を経てモンゴルに入り、莫力廟に落ち着いた。彼はラマ教の統一を目ざしたとされている。昭和十九年十一月三十日、莫力廟集寧寺で息を引きとった。「官」にいた川上俊彦が、晩年大きな会社の社長になったのとはやはり対照的と言うべきであろう。著書に、『露西亜物語』『レニングラード念仏日記』などがある。

三、日露戦争勃発時のウラジオストクにおける「官」と「民」

ここに明治三十四年十二月三十一日現在のシベリア在留日本人数の一覧表がある。

ウラジオストク	男一四一三	女一四八五	計二八九八
ラズドリノエ	三	一二	一五
ニコリスク	一九五	二三五	四三〇
ノヴォキエフスキー	一二	三〇	四二
ポシエット		一	一
イマン	一七	二九	四六
ハバロフスク	八七	一三五	二二二
ブラゴベシチェンスク	八〇	一三一	二一一
ニコラエフスク	九六	一〇一	一九七
スレチェンスク	一〇	二五	三五
ネルチンスク	三	一〇	一三
ゼーヤ	六	一三	一九
チタ	三〇	六五	九五
イグナシノ	四	二八	三二

カイダロフカ	三五	六	四一
イルクーツク	一二	二	一四
トムスク	一		一
ウェルフネウジンスク	一〇	一二	二二
総　計	二〇一四	二三二〇	四三三四

これは戸水寛人著『東亜旅行談』（明治三十六年刊）からとったものであるが、戸水自身も言っているように、この数字は居留民会に登録されたものだけであって、そのほかにも「もぐり」がかなりいたはずである。ただし、この一覧表でも、女性の方がずっと多いことが注目される。なお、ウラジオストク駐在の日本貿易事務官の管轄には、以上のほか、満州の東清鉄道沿線に居留する約千五百人の日本人が入っていた。

明治三十六年暮、日露両国の要求はお互いに平行線をたどり、妥協の余地のないことが明らかになっていた。日本国内では、対ロシア戦争の不可避であることが論ぜられ、国交の断絶はもはや時の問題になっていた。シベリア在留の日本人たちにも、内地からの新聞や私信などによって、日本内地の各種情報が伝えられ、一部は自発的に帰国したが、一部は引き揚げるべきかどうかをめぐって動揺していた。とくに十二月末以後は結氷のためにウラジオストクと日本内地間の航海が断絶し、民心の不安はさらにつのっていた。しかし日本政府は引き揚げの訓令を発することなく、恐らくは開戦の主導権を握るために、むしろ居留民の動揺を抑えようとしたかにみえる節がある。それは貿易事務官川上俊彦によるつぎの「諭告第一号」（明治三十七年一月二十四日付）によってもうかがわれる。

「目下日露両国の関係は多少切迫したるの事迹なきにあらざるも、未だ新聞紙上及一般世評の如く危険に陥りたる儀には決して無之、両国間には依然として親和的談判継続しつつあるは勿論に付、此際当方面に居留する帝国臣民は宜しく沈重の態度を執り、漫りに動揺せざること最も必要なりとす。今後若し万一不幸にして両国の和交破裂するの場合には、居留民の保護帰国及其他に関して我政府に於て適時相当の処置を執るべきは勿論、当州軍務知事始め地方官も亦右様の場合日本臣民に対し出来得べき便宜と幇助を与ふべき事を本官に約したるに依りて、各自従前の通り其業務に安んじ、苟も流言蜚語に信を置き、軽躁の挙動なき様注意すべし」

この諭告はシベリアおよび満州各地の日本人居留民に電報で伝えられた。しかし居留民の不安は消えなかった。諭告の内容は、彼らが膚で感じている実感とは明らかに矛盾していた。

各地の人々はそれぞれに引き揚げの準備をすすめ、ウラジオストクに入港する便船があれば帰国しようとする者がしだいに増加した。

ところが一方では異なった考え方の人々もいた。貿易事務官がこうした諭告を発する以上、日露両国間の交渉は平和裡に妥結するかも知れない。もしここであわてて居留地を引き揚げれば、長いものは十数年、短いもので数年間営々として築きあげた地盤と財産は水泡に帰し、家族をあげて路頭に迷うことになる。日本に引き揚げたからと言って、どのような生活の手段もありはしない。引揚命令があるまで待とう。それに引き揚げようにも、便船もないではないか。一方、ロシア人の方はどうだったか。彼らは日本が開戦に踏み切るとは最後まで予測していなかった。いかに日英同盟が成立したからと言って、「東洋の小国」日本が「世界の大国」ロシアに立ち向かうとは、彼らとしては考えることもできなかった。

諭告第一号を発して五日後の一月二十九日、英国船アフリッジ号がウラジオストク港沖のルスキー島前にその姿を現した。これは横浜のドッドウェル・カーリル商会が日露交渉の危機にともない、日本人の引揚希望者が多いだろうと予測して、乗客運賃目当てに配船したものであった。これは日本政府となんらかの関連があったものと考えられる。

しかしウラジオストクのロシア当局はアフリッジ号を港内に導くための砕氷船を派遣しなかったので、船はまる三日間港外に留められた。アフリッジ号の船員の多くは日本人であったため、ロシア側は、日本政府が在留邦人の引き揚げのために派遣した傭船であると信じ、ウラジオストクの新聞紙上にも「日本政府、迎船を当港に派遣す」というニュースが掲載された。日本居留民はこうした情報のなかで、折角引き揚げのための便船がきたのに、それを港内に入れないのはどういうわけかと騒ぎ出し、貿易事務館の方にアフリッジ号の使命について問い合わせる者が少なくなかった。これに対して川上事務官は答えた。

「今のところ本国からの何らの情報にも接しておりません。本官としてはアフリッジ号の使命については一切関知しません」

それは川上事務官としては、先の諭告のことから考えても当然であった。二月二日アフリッジ号が埠頭に繫留され、この船に乗ってきた日本郵船会社ウラジオストク支店長代理平島謙三氏が同日午後四時下船して、直ちに貿易事務館におもむき、内地の情報とアフリッジ号入港の目的を川上事務官に報告した。この報告の内容も不明である。しかし川上事務官がこれを聞いて、それまでの方針を急変させたことは事実である。

三日早朝、シベリア各地の居留民会あてに川上事務官と川辺民会長から電報が発せられた。これがその後のシベリア居留民の運命を決したつぎの電文である。「郵船あり、帰朝を望むものは一週間以内にウラジオストクへ来れ」

この電文は、事態のなりゆきをよく知っていたウラジオストク市内在住者にとってはよく理解できたし、また一週間以内にウラジオストクに集まれる範囲の者には、理解できないまでもなんとか期限までに間に合わせることができたが、ニコラエフスクやブラゴベシチェンスク（ブラゴエ）など、一週間以内には絶対にウラジオストクに到着できない奥地の居留民にとっては、まさに寝耳に水であったにちがいない。「親和的談判」が行われているから、「沈重」な態度をとれと言ったのは、わずか九日前のことであった。それが今度はとうてい不可能な「一週間以内」の指令である。しかも「帰国を望む者は」と条件をつけている。残留できれば残留したいのは在留邦人にとってやまやまである。残留したい者はどうなるのか。

ウラジオストク市中は三日早朝から日本人の引き揚げ準備で大騒ぎとなった。しかしロシア人はそれでもなお、日本が戦争に突入するとは信じていなかった。要塞司令官クローネツ将軍は、わざわざ川上事務官をよんで戒厳令布告の可能性を予言し、また一部ロシア人によって川上事務官の送別会まで開かれた。

コスチェンコ将軍の回想録によると、その席上、送別の辞をのべたロシア人の一当局者は、話の途中感極まって涙を流したといわれる。その演説者は話し終わったとき、ハンカチを取り出し、眼鏡をはずして目をぬぐったというのである。

アフリッジ号は二月六日午後一時、約三千二百名の引揚者を乗せて出港した。しかしその日のロシア新聞には、日露両国の公使がその任地を去って帰国したことが報ぜられ、ウラジオストク市には戒厳令が布告された。市内はにわかに殺気立ち、日本人はひとりで市内を歩くことは物騒なまでになった。夜間は引揚者の宿舎になっている布教場でも公会堂でも、数十人の不寝番が立って警備にあたった。二月十日のロシアの新聞には、二月八日旅順港内で日本艦隊の奇襲をうけてロシア軍艦ツェザレヴィチ号とレトウィザン号が破損したというニュースが伝えられた。ついで日本政府からの宣戦布告も報道された。ウラジオストクのロシア人住民ははじめ全くぼう然としたらしい。

ウラジオストク要塞の防備も十分でなく、港内にいた極東艦隊は開戦一週間前に出航の命令を伝えられたけれども、準備ができなくて二月十日になってやっと出航した。ウラジオストクの市内にはさまざまな風説が流れ住民は戦々兢々としはじめた。例えば、遠くから砲声がきこえたとか、要塞の地下に爆破のための坑道をうがつ音がきこえたとか、朝鮮の元山に日本軍が上陸し、日本艦隊は今にもウラジオストクを攻撃するだろうとかいう噂であった。

ロシア人たちのあわてようはたいへんなものであった。家財を捨て、子どもの手をひいて、あるものは馬車で、あるものは徒歩で、奥地へ避難するために停車場へいそいだ。

眠れない一夜が明けると、雪は三尺も積もっていた。雪はなお降ったり止んだりしていたが、風が強く、冷えこみは異常にきびしかった。三十年も前からウラジオストクに住むというロシア人の古老も、こんなに雪の多い、寒い冬ははじめてだと語った。

その日、なによりも恐れていたことがついに現実となった。アムール河岸のブラゴベシチェンスク在住の居留民三百余人はついに帰国をあきらめたという電報が届いた。

結局、シベリアにはこれを含めて総数八百数十人の日本人が引き揚げるすべもなく、言わば「置きざり」にされたのである。この人たちはシベリアを西へ横断してその年の十二月六日、ドイツのブレーメン港から長崎港に帰着した。総数は八百二十七名であった。

ウラジオストクからの最後の引揚船バタビヤ号は約千四百二十名を乗せて二月十三日に出航し、門司港に帰港した。考えようによれば、総勢五千人もの居留民のうち、残されたのはわずか五分の一ほどであったことは大成功であったとも言える。その理由は、『川上俊彦君を憶ふ』(昭和十一年、非売品)所収の佐々木静吾氏の文章「川上貿易事務官浦潮引揚の回想」によって知ることができる。

「浦潮貿易事務館が、旅順口の夜襲を知ったのは九月九日朝で、営口の瀬川領事から電報で御通知を頂いたのでありました。然るに露西亜側が知ったのは之れより一両日後れて十日か十一日であったと思ひます。仁川港内露艦の撃沈は、十五日門司に入港する迄は浦潮在留の官民は知らなかったのであります。随て露人も亦吾人が浦潮解纜の日即ち二月十三日迄に此の出来事を承知して居なかった。之れは開戦と同時に電報が不通となった結果であります。此等露国敗戦の報道が民衆に伝はって居なかった為め、川上事務官は二月七日附を以て正式に浦潮撤退の通告を露国官憲及列国貿易事務官に発送したに拘はらず、民衆の激昂は左程に甚だしくなく、其前日即ち六日に行はれた第一回の引揚は平静裡に完了した。然るに十一日頃奥地より到着する同胞を停車場に出迎ふる人達は往復の途次、身辺に危険を感ずる様になったが、幸にして第二回引揚も何等事故なく終了しました。若し仁川、旅順口の敗報がもっと早く浦潮市中に宣伝せられたならば、恐らく我居留民の引揚は興奮せる民衆の為め、ひどく妨害せられたことと思ひます。戦闘情報が敵側に遅着したことも亦我方に取っては非常に幸運でありました」

つまり、仁川港内のロシア艦の撃沈は日本による宣戦布告の前であったが、電報不通のためロシア側にはずっとおくれて通報された。こうしたことがかえって引き揚げに幸いしたのである。もし、日本艦隊の奇襲のことがロシア人にそのまま知れわたっていれば、このように「順調」な引き揚げはとうてい不可能であっただろう。

四、シベリア出兵時のウラジオストクにおける「官と「民」

一九〇六年（明治三十九）、ウラジオストクの貿易事務館は領事館となり、川上俊彦領事と太田覚眠師はともに同地に赴任した。覚眠はただちに布教場の再興にとりかかった。後に神戸に亡命した同市助役マトヴェーエフの奔走で、市の北端の景勝地に二千余坪を「永代無償交付」され、大正四年夏、大谷光瑞の臨場のもとに起工式が行われた。

峻工して一年あまりたった大正六年秋、十月革命が勃発、ロシアの天地は顚倒した。昨日の貴族や富豪は財産を奪われ、見るもあわれな状態に変わった。しかし一方で、ロシア革命のおかげでウラジオストクに邦字新聞『浦潮日報』が誕生したのである。歴史はつねに皮肉な一面をもっている。この新聞は一九一七年（大正六）十二月九日、十三年間当地に勤務したもと毎日新聞通信員和泉良之助を編集人兼発行人として発刊された。同新聞の第二号（十二月十一日付）に市川寅次郎という人が「創刊を祝して」と題した文章を書いている。その中につぎのような文章が見える。「革命以前に於ては露国領土内に於て外国新聞の発刊は絶対に不可能なりしもの、今は之を許可せらるるに至りたるは吾人在留外国人が自由を標榜する露国革命の良方の余沢に均霑するを得たるものにして、同時に革命の由つて来る所以及び其の将来の帰趨をも髣髴するを得て、此間無量の興味を覚えずんばあらざるなり」

しかしこの『浦潮日報』の紙面を見ると、ほとんど毎日のように盗難が報ぜられ、大正七年二月二十日付（第五三号）には「レーニン先生に与ふる書」と題する社説がのっている。その中の一節。

「先生等一派は現時の社会に於て強盗の行為は深く咎むるに足らずとなすならんか。それかあらぬか、先生等一派が政権を掌握して以来、強盗の横行は頓にその盛を加えるものの如く、而かも彼ら強盗は従来のそれと大に態度を異にし、公々然として何等憚かる所なく、宛然天下の公益を以て自ら任ずる者の如く、誠に以て物騒の世の中とはなれり……」

革命によって生まれた新聞は、こうして革命から「脱落」する傾向を示しはじめた。

当時ウラジオストクおよびその付近には約一万人の日本人が住んでいたが、彼らはこうした不安な社会状態のもとで政府に生命財産の保護を要請した。

一九一八年一月十二日、第五戦隊司令官加藤寛治少将の坐乗する軍艦石見が、日本居留民の保護を理由に突如ウラジオストク港に入港した。一方、イギリス軍艦ケント号はその前の一月二日すでに入港していた。こうして連合国によるシベリア出兵の序幕は開かれたのである（山内封介『浦塩と沿海州』昭和十八年、八二ページ）。

さらに一月十八日には、日本軍艦朝日、二月中旬にはアメリカ巡洋艦ブルックリン号、これと前後して中国砲艦海容号が入港した。

これにたいし、ウラジオストク市会は一月十四日付で日本軍艦の無予告入港に抗議書を送った。これにたいし、一月十九日付の『浦潮日報』の社説には「……何を謂っても日本軍艦の入港が第一に癪に触りたるは過激派又は過激派を利用する一派なるべし。思ふに市会をして抗議を提出せしめたるも、或は此辺が尻押しならんか。此一派は日本軍艦の入港を以て彼らに対する高圧の如く感ずるなるべく、是れ亦た無理からぬことなり……」と書かれている。こうして過激派、つまりレーニンの指導するボリシェビキと日本居留民との対立はしだいに鮮明になっていった。

四月四日には石戸事件とよばれる事件が突発した。これは日本人輸出入商石戸商会が四人のロシア人暴漢に襲われ、主人が重傷、店員一名が殺された事件である。この事件を契機に、生命の危険を感じた日本居留民がフォンタンナヤ街の日本小学校で大会を開き、日本陸戦隊の上陸を請願する決議を行った。この請願書は加藤司令官と菊地総領事とに提出され、司令官は翌五日には石見と朝日の両艦から陸戦隊を上陸せしめた（前掲書、八三ページ）。

ところがこの陸戦隊上陸に際して、本願寺布教場はその宿舎にあてられたのである。「十年掛りで獲得した吾布教場の土地は浦塩〔ウラジオストク〕の北方一帯の丘陵の山腹にありて、浦塩市街を一眸の内に収め、浦塩を征服するには、まことに要密景勝の地である。露西亜人が、陸戦隊の上陸して第一着、布教場を占領するを見て、皆日々、本願寺が此土地を熱望し獲得せしは、今日の用に供せんが為めなりしならんと」（『西比利亜開教を偲ぶ』一七ページ）。

この文章は太田覚眠の筆になる部分であるが、彼がこれを書いた意味はなんであったか、わたしにはもう一つ腑に落ちないものがある。快哉を叫んだのか、それとも自嘲であったのか。

いずれにしてもこの時点において、ウラジオストクにおける日本の「官」と「民」は、この時点ではほぼ一体化したと言えるであろう。

しかし両者のおもわくは本質的にちがっていた。「官」の方は「居留民の保護」という名目のもとにもっと別のこと、すなわちロシア革命への干渉を考えていた。このことは、その後数カ月で実現されたシベリアへの本格的派兵によって明らかになる。一方、「民」の方は目先のこと、つまり安心して商売できることを求めており、「ロシア革命は彼らの生活に大した影響はないと考え」、「レーニン政府のもとで女郎屋が経営出来ると思っている」人さえあった(『誰のために』昭和四十三年、龍星閣刊、九六ページ)。

この年の八月二日には日本シベリア出兵宣言が行われ、日本軍を主力とする連合国軍のウラジオストク上陸が開始された。八月五日付、陸軍大臣大島健一の訓示につぎのような文章がみえる。

「……今ヤ帝国ハ聯合与国ト協同策応スルノ主義ニ拠リ『チェック・スローヴァック』軍救援ノ必要ヲ認メ茲ニ我軍ヲ極東露領ニ出スニ至レリ、夫レ露国ハ友邦ナリ、之ヲシテ内乱ヲ鎮定シ交戦ノ義務ヲ履行セシムコトハ聯合与国ノ斉シク切望スル所ナリ、我軍出動ノ目的ハ独逸ノ勢力ヲ駆逐シテ『チェック・スローヴァック』軍東進ノ阻害ヲ除クニアルモ従テ自ラ露国ノ再造、露軍ノ復興ニ貢献スル所アルハ亦疑フベカラズ、我軍今回ノ行動ハ終始義ニ仗テ動クモノナリ……。曠古ノ変局ニ処シ帝国ハ重責ヲ荷フテ軍ノ一部ヲ海外ニ派遣ス、出デテ軍隊ノ事ニ従フモノト留テ待機ノ姿勢ニ在ルモノヲ問ハズ、益々軍紀ヲ緊粛シ愈々志気ヲ振作シ以テ君国ノ倚信ニ対ヘムコトヘ期スベシ」（前掲書、二三八―二三九ページ）

八月十二日にはまず第十二師団の一部がウラジオストクに上陸、十八日には軍司令官大谷大将が着任した。

「露国ノ再造、露軍ノ復興」がなにを意味するかは自ら明らかである。すなわち「過激派」を排し、白衛軍を助けることである。しかし軍紀の「緊粛」とは言っても、実際に派遣されたのは、古今東西変わらない「兵隊」たちであった。当然のことながら、さまざまな問題が起こった。

例えば、九月十九日、野瀬工兵中佐の率いる一個大隊の進駐したブラゴベシチェンスクの状況について石光真清は書いている。石光はこの都市で特務活動に従事していたが、日本兵から暴行されたというロシア人からの訴えが絶えなかった。「早速、事務所の者に調査させると大体において事実間違いなかった。市内各所に同じような事件が起こっており、私に直接訴えて来ぬものはその一部分であって、大部分の被害者は日本軍の報復を恐れて泣寝入りしているのであった」（前掲書、二六〇ページ）

こうした状況は各地における武力衝突ともからんで、しだいに疑心暗鬼と憎悪を増幅し、ニコラエフスク事件（尼港事件）のような数々の不幸な事件が生まれた。兵隊は、「殺さなければ殺される」というような心理状態におちいる。後に『岩波ロシア語辞典』の著者となった八杉貞利は一九二〇年（大正九）沿海州を旅行し、当時の見聞を日記に書き残している。八月十三日、ウスリー鉄道のシマコーフカ駅付近でのこと。日本軍の一少尉が視察にきた某少佐につぎのようなことを説明していた。

「……目下も列車には常に過激派の密偵あり、列車着すれば第一に降り来り注意する動作にて直に判明する故、常に捕えて斬首その他の方法にて殺しつつあり、而して死骸は常に機関車内にて火葬す……」

こうして日本の「官」は極東全域にわたる戦略のもとに、いわば「土足」でシベリアに侵入し、数数の悲劇の種子をまいた。そして、ほとんどなにものも得ることなく、一九二二年に撤兵したのである。日本軍の死者約三千、凍傷を含む負傷者はその数倍にのぼり、当時装備や訓練で日本軍に劣っていたシベリアの革命軍側の死傷者は日本側の何倍にものぼったことは言うまでもない。人口の少なかったシベリアのことだけに、その傷痕は深刻であった。この「シベリア出兵」の記憶はシベリアのロシア人の間に長く残り、東部シベリアの各地に当時の戦死者の記念碑が建てられている。

ウラジオストクには日本軍のシベリア撤兵以後も数百名の日本人が残留したが、昭和十一年頃には領事館員のほかわずか十数名にすぎなかった。しかし、昭和十一年（一九三六）十一月の日独防共協定成立以後は、在留の一般日本人はついにほとんど姿を消すに至った。こうして、明治維新（一八六八年）頃から、日本の大陸進出との関連においてつづいてきた日本人とウラジオストクとのつながりは、約七十年間の歴史をもって完全に絶たれた。

しかしウラジオストクにすぐ隣接する朝鮮北部および満州の支配は一九四五年までつづいたのである。

第三章　シベリアに生きた一日本人——都築《つづき》小三治《こさんじ》のこと

一、中野《なかの》二郎《じろう》とシベリア情報収集団

日清戦役後のいわゆる三国干渉、遼東還付の後、日本は「対露戦争」の準備に全力をあげはじめた。いわゆる「臥薪嘗胆」の時代である。これにともない、ロシア国情の調査は、政府や軍部だけでなく、民間のさまざまの団体によっても直接間接に軍部と連絡をとって行われた。そして、ロシア事情の情報収集に積極的にのり出した人物のひとりに、会津若松出身の中野二郎がいた。『国士内田良平伝』という本によると、中野は明治十七年二十一歳のとき中国に渡り、のち荒尾精の漢口楽善堂に入り、内田良平の叔父平岡浩太郎が玄洋社の「志士」を上海へ留学させたときには、現地でそれに協力した。明治二十六年札幌に渡って北門新報の記者となり、ついで社長になって事業を発展させ、三国干渉後は「憤然対露報復に満身の熱情を傾けるに至ったのである」(同書、一二九―一三〇ページ)

明治三十年夏、中野二郎はシベリアを旅行し、たまたま同じくシベリア旅行中の当時二十四歳の内田良平、井上雅二に出会った。このとき中野は縣文夫という門下生をともなっていた。

中野は内田良平に向かって、ロシア問題についてこう語った。「大陸経論の遂行を期するためには、何よりも先づ此の任務に当る人物を養成しなければならぬ。自分は其のために先づ三国干渉の直後、取り敢へず札幌に露語講習会を開設したが、近く平岡氏等の援助も得て札幌に露清語学校を作り、露人や中国人の教師を傭聘して、一般学生と陸軍の委託生を収容し、露清語教育の興隆を期すると共に、対露政策の研究と士気の振作を図り、大いに人材を養成する積りである」（前掲書、一三一ページ）

露清語学校は翌三十一年開校し、ウラジオストクにきていた三角二郎、古川里美らも、一時帰国してこれに入学した。縣文夫はシベリアに残ってロシア事情の調査にあたることになった。前記の書物によると、「この頃から日露戦争までの期間、シベリアに入って活動した志士の仲間では、良平の外、ブラゴベシチェンスク〔ブラゴエ〕に行って写真屋を開いていた一団が代表的なものである。伊藤正基、三角二郎、古川里美、辻暎等の青年志士で、彼等をブラゴエに送ったのは中野二郎であった」（前掲書、一六三ページ）

ここに紹介しようとする都築小三治は、中野二郎がシベリアに派遣した写真屋・情報収集団の「つくろい屋」（修正屋）としてやとわれ、シベリアにおもむくことになったのである。

都築小三治は長野県士族都築藴（一八二五年生）の三男として明治二年（一八六九）松本で生れた。三男ではあったが、兄たちが死んだりして、明治十九年家をつぎ、はじめ松本で趣味として写真をはじめたが、後に横浜の写真屋下岡蓮丈に師事し、写真の修正技術を修得して松本に帰った。松本で写真館を開業したが、明治二十年代、松本には都築のほか、堀、杉浦という二軒の写真館があった、と小三治はつたえている。小三治は明治三十二年二月、父親に死別したのを機会に、写真館を白鳥いのすけという人に譲り、中野二郎のシベリア情報収集団に加わった。ただし、都築は「志士」ではなく、あくまで「職人」としてであった。このことは、後に紹介する中野二郎あての手紙によって知られる。

二、都築小三治の見たウラジオストク

明治三十三年五月四日午後二時、都築小三治は北海道の森、縣、古川、渡辺、東京の辻、佐藤らの人々とともに、愛国丸に乗って新潟港を出発した。ときに小三治三十歳であった。縣は縣文夫、古川は古川里美、辻は辻暎のことと思われる。

五月六日午後二時ウラジオストク港に投錨し、一時間後上陸した。新潟港で小舟によって愛国丸まで運ばれたが、ウラジオストクでも同じような小舟に出迎えられ、陸地まで運ばれた。ところが驚いたことには、出迎えの小舟で働くものはすべて中国人、朝鮮人だけで、ロシア人はひとりもいなかった。

小三治はフォンタンナヤ街の日本人経営の旅館扶桑舎に宿をとり、町の風呂屋で船中の垢を

落とした。この風呂は同じく日本人の経営する日本風のもので、小さな湯ぶねに湯が八分目ほどはられてあったが、あまり清潔とは言えなかった。風呂代は十コペイカ、二階には個室があり、日本からつれてきた売春婦がついているという話であった。

夕食後ウラジオストクの市内見物に出かけた。

都築小三治は仲間とともにまずウラジオストクで一ばん繁華なスベトランスカヤ街に出ることにした。この通りは、いわば海岸通りであるが、大きな商店は軒をならべて山の手側の片側につづいている。海岸に面する片側は市公園、アドミラル公園、倉庫、軍務知事の官邸、海軍工廠などがつづき、商店はわずかであった。だから人通りは自然に山の手側に集中していた。まん中が車道で、二頭立てや三頭立ての幌馬車が走り、両側が敷石や橋板の人道になっていた。

夕方七時でもまだ明るかった。八時頃になると、どこから人が集まってくるのか、たいへんな人出になり、まるで故郷松本のお祭りのようであった。人々がすれ合い、押し合い、道を奪い合いでもしているように見えた。

夫婦で腕を組んで散歩している人たちは別として、男も女も他人のことなど見向きもしないで、いそぎ足で歩くのが印象に残った。小三治一行にたいしても、誰ひとり注意をはらうものはなかった。日本人なぞ全く珍しくないからだろう。当時でウラジオストク在住の日本人は二千人に達したから、それもそのはずである。

たいていの商店では四、五種の物品が売られていた。ある店では酒、茶、パン、菓子など、またある店では布類、油、ガラス品、時計、絵葉書、タバコなどをあきなっていた。

ウラジオストクで最大の百貨店はドイツ人の経営するクンスト・アリベルス商会とチューリン商会で、その建物はひときわ群を抜いていた。縣文夫の説明によると、この二つの商会はシベリアの各地に支店を出していた。ここには菓子、果物、砂糖、バター、パンその他なんでも売っていた。二、三階にも広い売場があり、さまざまな衣類、化粧品、家具、日用品など、百貨がそろっていた。品質も一流であったが、値段もかなり張っていた。日本より二、三割方は高いと思われた。小三治は商売柄、写真機具を見に行った。ドイツ製のすばらしい機材がおいてあったが、とうてい手の出ない値段であった。日本人の経営する商店もあった。杉浦商店と徳永商店であった。ロシアでは商人にも等級があるが、この二つは一等商で、二等商になるとかなりの数にのぼった。徳永商店の主人は徳永茂太郎といい、女郎屋で産をなしたやり手だとの評判であった。

通りを歩いていると、建物と建物の間の狭い境い目に鉄格子があり、その奥からどうもうな犬がこちらをにらんでいた。小三治はびっくりして後ずさった。

「いや、たまげた。こんなところに犬がいるよ」

すると縣文夫は言った。

「ロシアの犬は、吠えないでいきなり嚙みつくからこわいよ」

「そいつあ、またはげしいな。もともとそういう性質なんですかね」

「いや、私がきいたところでは、飼主は他人からは絶対に食物をもらわせないで、昼間でも少し暗いところにつないでおき、夜間鎖をはなすと、その家の人以外のものには誰にでも嚙みつくという話だ」

そのうちに小三治は、腕を組んで歩く数組の軍人夫婦に目をうばわれた。その身につけている品物と言い、姿と言い、この世のものとは思われないほどだった。彼はこんな美しいカップルをどこかで見たことがあると思った。

〈そうだ、フランスの絵葉書だ。あの若い婦人のすばらしい胸と腰、すらりとした脚。それにあのぱっちりした目もとはどうだ〉

三十歳の小三治には、その姿が眼に痛かった。日本人の女性の顔は全体に平べったく、表情にとぼしい気がした。羨望と言うべきか。小三治はこのとき、彼自身が何年かの後、このときの婦人におとらないほどの美しいロシア人女性を妻にすることになろうとは、夢にも思っていなかった。

仲間の古川里美が小三治の肩をぽんとたたいた。

「都築さん、見とれちゃだめですよ。往来のじゃまになりますからね。なんならカレイスカヤ街の北端まで行きますか」

「そこになにかあるんですか」

「日本の娘子軍ですよ。いや日本女性だけでなく、白人でも、朝鮮、中国の女でも、選りどりですよ。日本の美人だけでも十四軒、三百人はくだりませんね、ほら、あそこに歩いている和服姿の女性、あれも『醜業婦』ですよ」

小三治は豪傑風のところのある古川の言葉でわれにかえった。

ロシア人の女性たちはレースの飾りの多い軽やかな白、クリーム、バラ色、水色などとりどりのスーツを着用し、それによく合う色の帽子をかぶっていた。それに大粒の玉からなる頸飾、小指ほどの太さのある指輪を光らせていた。

それにしても日本人の男女の多いのには驚いた。男はほとんど洋服で、鼻下にひげをたくわえていた。中国人は弁髪を長く垂らしていたから、すぐに見分けがついたが、洋服姿の朝鮮人は日本人と見分けがつかなかった。日本婦人は三々五々群をつくって着物姿で往来していたが、ほとんどが島原、天草出身であるとのことだった。

車道は二頭立ての馬車でごったがえしていた。おりしも海辺の町によくあるように、夕方には風がぴたっと止んで、どこからか甘ずっぱい花のかおりさえがただよってきた。これは後で知ったが、チェリョムハという白い花であった。沈丁花のにおいに似ていた。人々は長い冬の後にやってきた春を楽しんでいた。

小三治ら一行は町を一時間あまりぶらついてから宿に帰った。宿は坂の中腹にあるので、窓からも港がよく見渡せた。墨を流したような海面に船の明かりが点在していた。波止場の建物や、さきほど散歩した盛り場のあたりも手にとるように見渡せた。

翌日はウラジオストク在住の菊地、阿辺野という人たちの案内で、総勢八人で小舟二そうをやとって付近の海に釣りに出かけた。日本製の釣道具は釣好きなロシア人の間でもたいへん人気があり、仕入れが間に合わないほどだという。

魚は食パンを丸めて釣針の先につけるわけだったが、面白いほどよく釣れた。釣糸をたらすと、ものの一、二分のうちに食いつく。ヒラメ、タラなどが多かった。子どものとき川で鮒しか釣ったことのない小三治にとっては、海釣りはまた格別であった。景色を見物したりしてぶらぶら釣ったが、それでも八人でも食べきれないほどにとれた。大部分を扶桑舎の主人に渡し、その一部を刺身にしたり焼魚にしたりして、その夕方の酒宴に並べた。酒は日本酒の方がロシアのウォッカよりも安かった。酒代は、一行の幹事役である古川里美が、日本内地で采配をふるっている総団長の中野二郎からあずかった分から支払われた。

ウラジオストク在留の菊地、阿辺野両氏は酒宴の席上、ウラジオストクについていろいろな面白い話を披露してくれた。一行、とくに小三治にとってはすべてが珍しかった。例えば菊地氏はウラジオストクの裏町にあるというアヘン吸飲者の巣窟について語った。

アヘンの吸飲と売買はロシアの官憲によってきびしく取り締まられているが、日本人を含む売娼婦たちや中国人、さらにはロシアの一部の官吏まで加わって、秘密のうちに取り扱われている。菊地氏はアヘン吸引場にしのびこんだことがあった。菊地氏は山東出身の宋運順という若い男に案内されて、〇〇街の秘密の家に入った。外から見ると、この家はなんの変哲もないふつうの中国人経営の漢方薬店であった。店には乾姜《かんしよう》、白蘚皮《はくせんひ》、甘草《かんそう》などという文字の印刷されたうす汚れた赤い紙片の見える小引出しや硝子瓶がごたごたと並べられてあった。テーブルの上には上海で発行された古新聞がのっているだけで、人影は見られなかった。

宋運順は菊地氏に目くばせして、無造作にすっと中へ入った。すると奥の間に通じる途中の一隅で、三十年輩の主人が薬らしい匂いをさせながら木の根のようなものを切っていた。宋運順と亭主は十分間ほど身ぶり手ぶりをまじえて小さい声で話していたが、話がすむと主人は再び庖丁をにぎった。菊地氏と宋運順は目礼して裏口へ向かった。ふり返ると主人は肉のゆるんだ顔に微笑を浮かべて菊地氏らの方を見ていた。

やがて高いところに小窓のついている一見倉庫ふうの建物に入った。中には数人の中国人らしい男がごろごろと寝ころんでいた。入口の横には番人らしい老中国人が座っていて、宋運順になにかを話しかけた。二人は明らかに知り合いのようであった。宋運順はやがて靴を脱いで床の上にあぐらをかき、老中国人がおいたアヘン吸飲器の盆を自分の前に引き寄せた。アヘン吸飲の道具はごく簡単であった。一枚の古い上海製の絵模様入りの剝げたブリキ盆と、その上にある一個の豆ランプ、アヘンを入れた小壺、吸い殻を入れるブリキの小缶、いっぷう形の変わった長い煙管と言った物だけであった。

宋運順は重々しい顔つきで、生唾をのみながら板壁にもたれ、煙管を口にくわえた。それからおもむろに、じゅるじゅるという音をたてて一口吸い、ついで二口目を吸った。彼はしだいに恍惚とした顔つきになり、やがていつの間にか眠りこんでしまった。口からよだれをたらし、かすかないびきをあげていた。神秘的にぽつりとともっている豆ランプのそばには、昼間というのに大きな南京虫がはっていた。

この地方で売買されているアヘンは主に満州との国境に近いポグラニチナヤ付近で朝鮮人の手で製造されたものが多いという。本ピーザとよばれる赤色包装のアヘンは一包一ポンドの重さで、当地の売買相場六百ルーブルあまりといわれる。しかしアヘンにもときどき贋物があって、抜け目のないアヘン商人でさえもしてやられることがあるという。その他インドから密輸入される細長い生アヘン、台湾製の缶入アヘンなどが外国船の入港するたびに税関吏の眼をかすめて密輸入されているといわれる。密輸入されたアヘンは、たいてい吸飲所とは全く別の場所で密売買される。

「その密売所はどんなところにあるんですか」と小三治はきいた。小三治は酒はあまり強くなかった。それに、彼にとっては話の方が面白かった。《このウラジオストクにそんなすごいところがあるのか》と驚くばかりであった。

「私がきいているだけでも、ペキンスカヤ街、セメノフスカヤ街、カレイスカヤ街など、中国人の多い町には五、六軒はあるはずだ」と菊地氏は答えた。

「それでよくつかまらないですね」

「彼ら中国人仲間でも秘密にされていて、お得意の紹介でなければ見向きもされません。それに不正業者を取り締まるべき官吏の中にもわずかの袖の下で大目に見るものがあり、取り締まりがきびしくなる直前に、賄賂提供者に通報して移転させるそうです」

「アヘン密売に従事している中国人は、ふつうどこの人ですか」

「山東出身が多いといいます。たまには中国人の妾になっている日本ムスメの経営している家もあるそうです。これはたいてい醜業婦上りで、十中の六、七まで本人がアヘン中毒者だといいます。旦那はその日本ムスメを一生自分のそばから離すまいと思えば思うほど、アヘンの吸引をすすめるのです。醜業婦たちは長い間の不節制な生活のためにほとんど生殖器の疾患にかかっており、頭痛、耳鳴の持病をもっている。それが一度アヘンを吸うといっぺんに気分がよくなるので、結局ずるずると常用者になってしまう。一週間もつづけると、もうその味が忘れられなくなり、三カ月も連飲すると、その女はもう生涯アヘンの奴隷になってしまうそうです。そして廃人同様になってシベリアの土になるわけです。哀れな話です」

「いったん中毒患者になったものは、それっきり助からないんですか」

「中毒症は、吸飲した当座こそは美しい夢でも見ているように恍惚としていますが、しだいに薬がさめてくると、それに正比例して苦痛におそわれ、もだえ苦しみ、ついには自制の力を失って狂人のようにあばれ、手のつけようもなくなるということです。モルヒネ中毒者も同じことです。治療法としては、吸飲や注射の分量を少しずつ減らしていくより手はないそうです。しかし治るのは初期の人だけで、十年もアヘンを常飲した人はもう絶望だということです」

この話をきいて、小三治はシベリアの果てでアヘンやモルヒネの中毒患者になって死んでいくという日本女性を哀れに思った。《彼女たちとて、自分から好きこのんでここまで流れてきたのではあるまい、女衒《ぜげん》の口車にのせられ、貧しい両親や兄弟の犠牲になって、渡ってきたにちがいない》

小三治は昨日の夕方、おしろいをべたべたぬって、着飾って町を歩いていた娼婦たちの姿を思い浮かべた。

小三治はウラジオストクで一流の写真館はどこにあるか、わかれば行って技術のほどを調べて見たいと思った。そこで内藤という日本人の写真師からスベトランスカヤ街のポドゾロワ、ペキンスカヤ街のマツケビッチ、スレドネ・ポロガヤ街のゾロトイ・ログという三軒であることを知った。ほかに日本人の小写真館が五、六軒あり、写真材料はキャビネ一ダースで七ルーブルであった。当時、ロシアの一ルーブルと日本の一円とはほぼ同じであったから計算は簡単であった。だから在留の日本人たちは、ロシアの金《かね》を日本式に円、銭で数えたり、ルーブルを枚、コペイカを文とよんだりしていた。一ルーブル五十コペイカは一枚と五十文ということになる。小三治は三日間ばかり内藤写真館のお手伝いをして、この地の技術をたしかめた。

五月八日、一行そろってウラジオストクの日本貿易事務官二橋謙氏に面会、ついで同胞会事務所に立ち寄り、帰途は中国料理屋同合楼で食事、公園や盛り場を散歩した。

三、シベリア奥地へ

五月九日、朝十時の汽車でハバロフスクへ向かう予定で九時前に駅に着いたが、乗客が多く、切符を買うことができなかった。当地に居住する内藤という人によると、市内に写真師十人あり、うち八人が日本人ということであった。写真材料はキャビネ一ダースで七ルーブルであった。

それから二、三日内藤写真館の手伝いなどをして、十三日朝十時ハバロフスク行汽車に乗ることができた。汽車の運賃は六ルーブル八十コペイカであった。車内の模様は、「一方の側には廊下を取り、一窓の内に六人乗り、昼は三人ずつ腰かけ、上に棚をとり、夜になれば中に又一段棚を出し、両側に三人ずつ其の上に伏す」ようになっていたから、現代日本の三段ベッド式寝台車（今では少なくなった）に似ていたことが知られる。また列車の中には必ず「日本で言う茶屋」があった。また中国人と朝鮮人は別室になっていた。これは今のソ連では考えられないことである。今では人種、性別なしに同じコンパートメントに入れられる。この車中で彼は一句を詠んだ。「棚にねて七百露里をゆめのまに」

五月十四日午後三時頃ハバロフスクの駅に着き、荷馬車二台を雇って、大通りにあるカトリという店で境氏ほか三人の世話になった。それから風呂屋へ行ったが、おりあしく日曜日ということで空しく帰り、途中公園でブランケートという道具で遊んだ。

五月十五日は同市の公園やバザールを見物、風呂代一ループル五十コペイカを払って湯を使った。

「何れも別室に成し有り、湯水ともに竜首より出る様に成り居り、思ふ儘に使ふ。湯に入るに有らず、天井に霧ふきの如き者あり、くさりを引と雨の如く上より湯出るをかぶる」。シャワーのことであろうが、日本の田舎から出た青年にとっては奇妙であったにちがいない。アムール河岸公園に立つ東部シベリア総督（沿海州地方をロシアに併合した）ムラビヨフの銅像の前で記念写真をとった。

ハバロフスクは当時アムール地方の総督府の新在地で戸数約三千、在留の日本人は比較的少なかった。日本人の写真館二軒、女郎屋八戸があった。

小三治はハバロフスクからアムール川をさかのぼって指定地のチタへ向かった。冬ならば橇を利用するところであるが、夏は道が悪く、船が唯一の交通路であった。

このアムール川経由の道は、十九世紀末、ウラジオストクから満州里経由でシベリア鉄道に通じる、いわゆる東清鉄道の完成までは、ヨーロッパ、ロシアへ往来するほとんどの日本人が利用したものである。著名な人では、明治十一年に西から東へ、船でこのルートを通って帰国した榎本武揚、明治二十六年冬、アムール川の氷上を騎馬で東へ旅行した福島安正中佐などがある。とくに福島は、このルートのポクロフスカヤ駅の手前のシルカ川氷上で、二月十一日朝落馬し、頭に傷を負い、近くのロシア人の一軒家で手当をうけた（『福島将軍遺績』昭和十六年刊、一六九ページ)。

この途中のことは小三治の手帳に刻明に書かれている。文章もうまく、わかりやすいので、できるだけ原文を紹介することとしたい。

「五月十六日午後三時の定期船に乗りおくれ、旧汽船会社の船にてハバロフスクを出発のはずにて、午後七時頃同船に乗込み、其夜を明かす。ブラゴベシチェンスクよりハバロフスクまでの汽船代二円三〇銭。同十七日午前五時、同地を出航す。同夜舟にて幻燈を写す。他に日本人乗組は一人も無し。両岸に露清国境を見て、晝夜船は大河に浮ぶ。月涼にして水に映ず。晴天。

十八日。大風。船中に日を暮す……。

十九日。大風。三時頃より大風の為め、砂煙多く立ち、太陽をおおい、為めに日光、光を失ひ、暗夜の如く、何れも燈火をともし、天は一面に火の如く赤し。夜は毎夜、日清露三ヶ国の者集ひ片言を言ひあへり」

五月二十日は晴天であった。十二時頃船は興安嶺を通過した。午後「正に日暮れなんとする頃は、その興安嶺《ヒンガン》の絶景なる。黒龍江の流れは急。両岸は山又山をなせり」。夜半の十二時エカチェリノ・ニコリスクに着いた。

「五月の二十一日、晴天。本日は少し寒し。本日所々に村家有るを見る。我々一行は五日間の食料を用意すれども、早や有る物はパンのみにて、副食物みな盡き、船を下り買い求めんとするも、船は村落に立寄らず。未だ船は何日にして目的地に着くやを知らず。退屈のあまり巻煙草のふたを出し、界を引き、むさし又はしょうぎばんをこしらえ、其日を暮す。夕方ラデーと言う村に着き、薪を積むを見て、辻、古川の両氏はしけにて上陸し、牛乳、卵、鴨、鮭などを求め帰り、夜に入り、スープをこしらえて食し、臥す。

五月二十二日。少し寒し。晴天。本日も船中別に変りし事なし。午後五時二十分より雨降りたり。小生、乗り込みたる船は、親船の汽船に引かれ二艘行きし中の船なりしも、同六時、小生乗り込みたる船、浅瀬に乗上げしも、暫時にして進行する事を得たり。本日は輪投げ、押合等の運動を成したり。今夜は後より一艘の汽船来り、追越されたり。

五月二十三日。早朝少しく雨降り、たまたま日出るも曇り勝ちにて、午後五時頃より降雨あり。八時、汽船とすれちがいたり。尚ほ、夜に入るも雨晴れず。天幕に雨露をしのぎ、船中に其の夜を明す。十時頃ペンペエフカと言う所に着く。薪を積む。其際三氏は上陸、買物を成さんとして上りしも、早や店を張る者なし。空しく帰る。

五月二十四日。今朝雨暗し。汽船一艘行きちがいたり。午後五時スシェ屯と言う支那町を見る。此所にて薪を積み、同所に森氏上陸し、卵を買う。其の後にて異様なる満州人の女ども子供等川端へ出て、我が船より空瓶を投ずるを拾はんとして競ひ川中へ落ちる等、実に面白し。夜に入り、風あり、寒し。

五月二十五日。朝晴れ、八時頃ブラゴベシチェンスクへ着きし所、思ひがけ無くもブラゴベシチェンスクに残りし佐久、縣の両氏をはじめ同地の店に居る人三名波止場へ迎へに来られ居りしこと驚きたり。同地のボリシャヤ・ウーリッツァ通りなる店へ来、日本の銭湯へ縣氏の案内にて我々四名共に湯に行き帰りて、遊仕事に修整をしたり。夕方より河岸より所々町を藤井君と見物し、高宮氏の所に行き、夜に入り、十時頃帰宅せり。

五月二十六日。夕方少し雨ふりたり。中野修整士来り面会す。其の他内国人三、四名に照会ありたり。

五月二十七日。朝晴れ。本日は露国皇帝即位記念祭を前なる古寺にて成す。当日観兵式有りたり。

日本年号明治三十三年六月十二日、旧暦五月五日、露暦六月二日に相当す。即ち端午の節句。当地在留の日本人はしょうぶを飾り、何れも祝ふ。本日午後より藤井氏と共に所々見物し、日本人墓地に行き、同業者北代亀太郎氏の墓に詣で、帰途伊藤にて支那料理を藤井氏に馳走になる。

六月十三日。夜に入りて三角と同道、アムールへ網打ちに行く。同夜八代海軍大佐と本願寺派出員清水氏、ハバロフスクより来られたり。清水氏は同夜泊る」

ここで八代大佐というのは、駐ロシア海軍武官であった八代六郎（後に大将）のことである。八代はその前年に帰国していたから、そのときは旅行の形で出張したのであろう。また本願寺(西) 派はウラジオストクに別院をおいてシベリア在留の日本人の間で布教していたが、清水嘯月という坊さんがハバロフスク出張所をつくっていた。

「六月十六日。晴天。藤井君と同道、高宮、中野、岸門の三氏に暇乞ひに行き、十時半帰る。本日アルベルス商店にて毛布を買ふ。金十五円借用す。支出、金十四円、毛布二枚」

ブラゴベシチェンスクは「当時は中々繁華にて河岸には石造の記念門などあり、商家何れも盛んなり。中にもベルス、チューリン等の商店は広大にして美なること筆紙に述ぶる能はず。写真師は仏人二名、日本人二名。」

「六月十七日。晴れ。本日社外船にてネルチンスクに向ひ、出航する事となり、午後五時頃より一同店にて見送の方々と酒宴をなし、七時、三角氏と同道にて金山氏方に立寄り暇乞ひをなし、佐久、三角、縣の三氏と共に同船に乗船す。見送りの日本人二十名余、本願寺派出員清水氏、同船同室す。出立前、徳岡氏に依頼し置き、福沢一二氏に書を出す。

十八日九時出航す。其前中川氏来訪あり。後、森氏来られ、尚ほ同氏に依頼し、鈴木氏方より上靴を届け貰ひたり。出航間もなく、沿岸に集牛の所を写せり……。

二十日。シァガヤンと言ふ所を通る。岩石空を突き、其の絶景実に例ふるに者なし。左岸は即ち支那アカマンと言ふ所の岩石は秀で、其の岩上に燈台有り。下はアムールの急流になり、間もなくしてチェルニャエワといふ所に着く。上陸して運動をなし、三番の汽笛にて乗船せり。

二十二日。曇。別に変りし事もなし。相変らず、所々にて薪を積む……。

二十三日。朝降雨あり。七時ポクロフスカヤに着く。九時十五分シルカ川入口、アルグン川との分かれ口に来る。右、シルカ川に登る。これより両岸とも露領になる……。

六月二十四日。晴れ。ゴルビッツァという所へ午後七時頃に着く。其手前にて船四艘の競漕き成し、程なく先進の二艘を抜き、最進の一艘と同時同所に着し、我々一行上陸し印を買う。同夜は同所に碇泊せり。

六月二十五日。午後二時二十分シルカ村に着す。凡そ二百戸余有り。……本日此の船にて小牛を殺し食料に成す。

七月十二日、日本暦二十五日、飛橋を渡り、沖氏と共にスタンチャンの山の上に行き、スレチェンスクの全景、六枚続きを写し帰り、夕飯を終り、松尾氏方へ行き、ピーボー（ビール）二本を馳走になり、又森氏方へ立ち寄りピーボーを飲み、大いに酔て帰る。

二十七日、三氏、非常なる事を日記し、私等に得意然として読み聞かせたり。

二十八日。晴れ。今朝は三角・縣両氏、大げんかをなしたり。

七月三十日。スレチェンスク閉業……。

同三十一日。清水坊さん来訪有り。本日森氏の所へ我々隊の出立に付き馳走に呼ばる。

八月一日。露暦七月二十日、鉄道の開通延期の為め、我が隊の出立も延期する事とし、清水氏はブラゴベシチェンスクへ向け……と言う船で出航せられ、同夜船まで見送る。

同二日。終日雨……。

八月五日。晴れ。本日文雄氏と共にマガジンに行き、其他運動し、ネルチンスク行きの船を見に行く。郵便局に行き印紙を買う。入金二円、佐久氏より請取。支出状袋三十五銭。手紙の紙三十銭。印紙四十銭。クワス十銭。

八月六日。十時ウスリースクと言う船に乗込み、円竜氏の所へはがきをしたため出す。晴天。支出、クワス十銭、サケ十銭。出航せしは午後三時半なりし。

八月七日。晴れ。船中変りし事なし。夜十時半ナバロンカに着く。ネルネンスクより七露里手前にてネルチャ川仮橋流失のため、其の先のステーションより汽車に乗る事とし、同夜は船中に一泊す。

八月八日。早朝上陸し、荷物受取りステーションに行き、佐久・縣の両氏ネルチンスクに行き、縣仲・三角両氏と共に同所に待ち居る。午後両氏帰り来り、同地より汽車に乗り出発す。七時半なり。同夜は汽車中に一泊せり。

八月九日。チタに着せしは三時頃なり。山下・大年の両氏のステーションまで来られ、其れより荷物を受取り、馬車にて山下方へ大年氏の案内にて来り、荷物には山下氏付き添ひ来る。同夜馳走になり、其より中途に文夫氏と同道して掛園・白石・大年等へ参り、帰宅せしは十時なり。

八月二十一日。曇天。旧盆の十六日に当る。本日、東京方へ書状出す。本日父の写真を出し、供物をささげ、聊か盆のしるしを成したり。

父母に生別れ、死わかれチタの秋
八月二十七日。晴れ。露暦十五日。当州の博覧会開催せり。

九月一日。写真館業を開業する。同夜客呼びを成せり。会せし者日本人女十一名、女六人、余興として幻燈を成す。同夜何れも歌ひ舞い、盛宴なりし」

こうして小三治は目的地であるチタに着き、仲間たちとともに写真館業についた。

チタはウェルフネ・ウジンスク（今のウランウデ）とネルチンスクの間にあり、前者まで約三〇〇キロ、後者まで二八〇キロである。ネルチンスクからチタまでは山また山が連なり、交通は川すじの氷上を橇で走れる冬期の方が最も便利である。チタは一八五一年以後サバイカル州の州庁所在地ということで行政的に重要であったが、商業的にはほとんど意義をもっていなかった。

市街はチタ川の岸辺、その河口（インゴタ川へ流入）から半キロほどの地点にある。街路はまっ直ぐで広い。人口約三千。チタ川とインゴダ川の岸辺の斜面は大部分カラマツやシラカバが生え、一部には苔や叢林の間から灰色の岩石がのぞいている。春、チタ川が氾濫すると荷物を積んだ川船がアムール川へ通じるが、それ以外の時期には船は通行できない。

小三治はその冬をチタで送り、翌明治三十三年二月四日、彼の父親の一回忌には「心ばかりを地田方にて祭」り、つぎのような和歌を詠んだ。

数ふれば早や一と年の別れにて
お幻《ぼう》に残る御写真祭らん

また「母の写真を持ち来らざりしをかなしみて」とつぎのようにうたっている。

みまかりし父が残像《かげ》を祭れども
居せし母に何日や逢ふらん

当時の人は先祖を大切にしたものだと思う。小三治のように、三十歳くらいの若い人でも死んだ父親の写真をシベリアまで待ち歩いて、その忌を祭っている。今の世の中、あるいは私自身のことをかえり見て、全く恥ずかしくなってしまう。

四、チタからの手紙

小三治がチタから書き送った手紙にはつぎのように書いている。

「次に当チタ府の模様一、二御通信申上候。当時はシベリア中最も繁華の地なり。軍隊四大隊を置き、今尚ステーションの如きは工事盛んにし、鉄工場の如き、同所に百サージェンに五十サージェンの煉瓦家屋建築し、落成には職工日に五千人を用すと言う……」

「日本人にて当地在留の者はわずかに廿有三人に過ぎず、昼間は何れも馬車の往来多く、賑はしなれども、夜間は八時を過ぎればあたかも日本の二時頃〔夜半の〕と等し。街はピストルの音常に絶えず。もっとも何れも護身の為めピストルを携帯せざるはなし。商家は何れも『マガジン』とて我が国の大なる観光場の如き者、何品とて無き品なし。又市場に『バザール』とて広き所有り、日々諸商人馬車にて商品を連らね、市民何れも早朝より買物に出て、市場非常に賑わへり。当地寒暖計は零度以下四十度を下れり。故に外出するには充分に厚着を成し、その上に『シューバ』と云へる毛皮の襟広くして頭上までもある程の外套に類する者を着る。頭には毛の帽子をかぶり、足には靴の上に『カートンキ』とて毛をもって製したる膝まである物をはき、尚その上に『ガルジ』といふゴム靴をはき居れり。外出する時は、ひげは真白に氷り、まつ毛も同じく氷り、目は閉づるの恐れあり。道路は何れも砂地にて歩行しにくし。写真師は六軒有しも、二軒は無き者も同じ。内二軒は露人にて『カナワラ』有り、クズネツォフ有り。両人とも以下シベリアに両氏に勝る技術を見ず。ウラジオストクのモスケウチと雖も其流儀をまとにする処有り。余も当地へ来て始て考へつる事有り。是によりて、首府に近づくにしたがひ、技術も又進歩する所なる事を信ず。

余も又進んで志を立てんとす。当団体も本国川上氏死亡の後は、黒龍州写真隊根據とせるブラゴウヰン商も内部錯雑し、又後《サ》貝加爾《バイカル》州を根拠として開業せし当チタ写真商も内部錯雑し、シベリア出張長としてし向けられし佐久巌氏、世に言ふ「こんにゃく玉」の化者の如くにて信用を失ふ。

余是よりは当団体を辞し、独立独歩をとり、写真研究の為め唖の旅行を成し、地球の中部を一周し、万国の斯道を探見せんとす。不日当地を出立し、八百余里を去るイルクーツク州イル

都築小三治

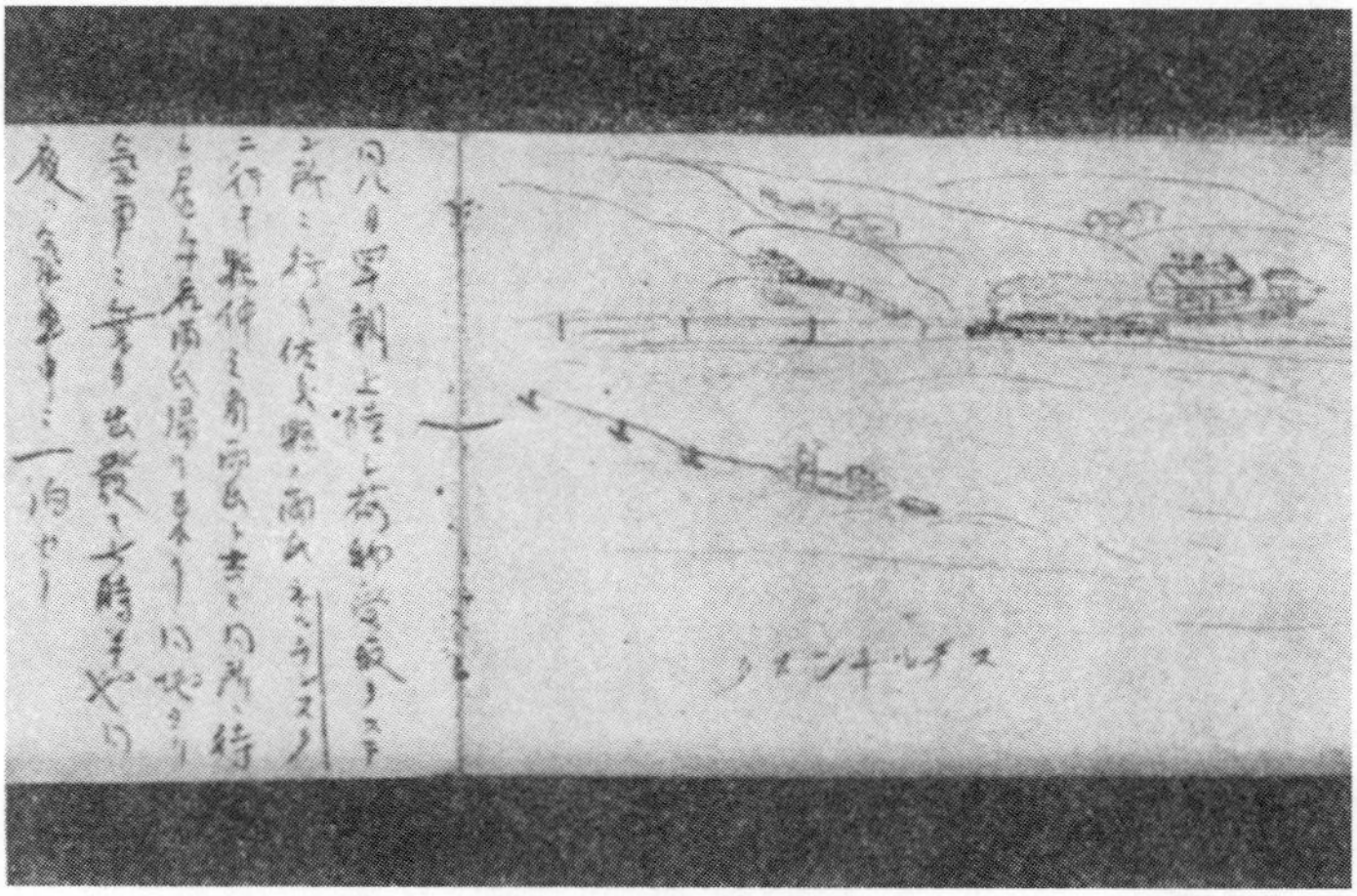

小三治の手帳の一部

クーツク府に行き、シベリア一等写真士ミレーフスキ氏の修整士に雇われ、同方にて四、五ヶ月滞在し、当本国のペテルブルグ、則ち首都まで至るの費を稼ぎ、尚モスクワ府は滞在せず見て通り、首府には数ヶ月滞在して尚旅費を稼ぎ、ベルリンを見てフランスのパリに又滞在し、ロンドンに至り、其れよりニューヨークに行き、尚サンフランシスコを経て帰朝を目的となす。願はくは郷里愚母一人を残し置き候事故、何卒残心添へ賜はり度、ひとへに希望奉り候。尚今回を一便として、順次順路御通信申上候」

この手紙によると、小三治はチタで団体の写真館の修整師であったが、「内部錯雑」のため、結局ふたりでイルクーツク方面に行くことを決めたようである。内部がごたごたし、おまけにシベリア出張所長格の佐久巖は「こんにゃく玉の化者」のような人物であった。内地での話と現地では大ちがいであることは、シベリアの場合も例外ではなかったらしい。例えばつぎのような文章も見える。

「実に名誉の人でも、今世に有りては誠に女衒《ぜげん》に等しき者のみ故、心を許すこと出来申さず。且つ当地へ着し雇はるる人有らば、必ず四十円〔ルーブル〕内などの月給には御世話なされぬ方宜しくと存じ候。不意に雇はるる者にても七十円から八十九円は修整師出し申し候。必ず当地へ雇われ来る者、何れも難儀致し申すべき故、御知らせ申置き候。当団体の雇ひ来りし修整師も意見合はずして解雇せり。内地にて聞きし団体と当地にては相違する事恐れ入り候。当館へ来る途中も金なくして醜業者より大なる名儀にて金を借り、又当地に到着せるも一文だになく、漸く醜業女などに金を借り、立つや立たざりしやは計られず候へ共、致し居り候」

つまり赴任の途中も、女郎や女郎屋から金を借りたというのである。

五、中野二郎あての手紙

小三治が団体を辞めてチタを去った理由は、中野二郎あての手紙の下書きによって知られる。この文面は、いかにも独立独歩、自由人の面目躍如としており、私が小三治を尊敬する所以のものである。当時、憂国の志士または志士気取りの人々の団体をふり切って、「自由な職人」として未知の地へ向かった気概は立派である。「謹啓仕候。陳者其際は種々に御厚情を賜り、且つ御配慮を蒙候段難有、奉深謝候。其の後私よりは意外の御無音に打ち過ぎ候段、平に御用《マ》捨《マ》被成下度候。就ては甚だ申苦しき儀には候へ共、過ぐる三十二年四月二十九日、至急を用する場合にて御口約とは申ながら、不肖愚母一人を残し置きての渡航に付き、少しは母にも安心致させ度と存じ、又親類等へも、幸に御高名なる、殊に教育家の貴君より御親切なる御取計いにて、月給の内五月より月々金廿円づつ愚母の元へ御送金被成下との事故、少しは孝にも相成事と心得安心致し候旨を諸親類へ申遣し置き候処、郷里儀兄などよりも度に書状送られ候度毎に、中野氏よりは一回の金員御送付無之との事申し来り候へ共、二ヶ月位は御手数をはぶく為の一度に御送金も有之事と心得居候に、半年に至るも一度の御送金も無之由、且つ郷里より封書を以て尊君へあて差上候も、御不在の由にて御帰宅の上詳細の御返事被下との事にて、又往復はがきにて差上候も送金の御返事更に無之由、実に驚入申候。不肖如き職人を、尊君の法身としてあざむき遠国へ向けられし者の如きには無之やと愚考仕居候。

シベリアにおける当団体の内部錯雑せる事は余が申上の用なし。略々御承知ならん。只余が事のみを申上候。過ぐる十月始、当地にても実に佐久氏にはピストル等を持ち、酒狂とは申ながら白昼原因なくして余を打たんとせり。同時三角氏武府（ブラゴベシチェンスク）へ出立するとの際にて、見送の諸氏来合有り、諸氏にて兇器を取り、中にも掛園氏は少々怪我せり。同時、仲氏余に避く可き様報ぜし故何事も知らず余は山下方へ迷たる。遂に其時当館を辞する旨申上げ、三日帰らざりしも、佐久氏一人にては面目無との由にて、文夫君同道にて余が所へ来られ候に付き、あまりの事故再び務むる事とは致せり。なれども実に当館内部の錯雑せる事、不肖言のみならず、遂に文夫氏も過る頃佐久氏にあてたる非常なる一書を残し、山下方へ居たる事等も有りたり。当地にて当団体にて信用は一人文夫氏有るのみ。余は辞する事今日に当り、何事も云はず。宜しく尊君の御推察にまかす。尚申上置き候事は、余、尊君より母の元へ送らるる二十円づつを引き去り、残余は一円、三円又は五円、拾円づつ月給日と定まる日無くして受取事を得たり。依て不肖は尊君御創立の立派なる当団体が職人如き者をあざむかるる者と思へず。此の度何事も申さず、余は当館を辞するに依り、宜しく御承知あらん事を乞ふ。本書に対する貴答、余が郷里へ御送付賜らん事奉希望候。尚ほ十一月迄の尊君より送付有るべき金員御送付の意も有らば、母の元へ賜はらん事を希望す……」

この手紙が実際に中野二郎のもとに送られたかどうか、また中野二郎がその後、小三治の給料を松本にいる小三治の母あてに送ったかどうかは不明である。小三治は姉にあてた手紙の中では、「中野二郎氏のなす事、又当出張長佐久巖氏のなすこと言語に絶えたる事故、断然私十一月当団体を辞したり。依て余は中野氏が、教育家長たる且つ露国探察長たる地位をかり、かかる職人たる者をあざむき、……教育家として〝ぜげん〟にひとしき事致されし事言語に絶へず、……余は一身を捨て、はがきを以て同氏にせまらんとす。……余等渡航せし後、参謀長川上氏死去の後は当団体も面白からず」と書いている。

小三治の文面が事実であれば、実にひどい話である。小三治が、出発のとき母親あてに送ってほしいと頼んだ金額二十円を差引き、その残りを給料として受け取っているのに、金は母親あてに全く届いてなかった。「尊君御創立の立派なる当団体が職人如き者をあざむかるる者と思へず」そうしたことをシベリア出張所長佐久に訴えると、佐久は酔っぱらってピストルをふりまわす。中野二郎らの場合も、名声と実像との間にはずい分の隔たりがあったものだ。あるいは中野二郎の下にいる人々が着服したのであろうか。わたしは中野二郎にあたって、どうなっているのか真実をたしかめたいと思うが、今ではそれもできない。

なお、文中、「参謀長川上氏」というのは、川上操六のことにちがいない。

六、イルクーツクへ

こうして小三治は明治三十三年二月二十日、チタ在任の日本人が結成している「敷島会」に暇乞いをし、夕方七時チタ駅を汽車で出発した。二十二日十二時頃ウェルフネ・ウジンスク（今のウランウデ）に着いた。この町には写真屋が二軒あった。

二月二十三日朝、バイカル湖岸のムィソワヤ駅着。チタからムィソワヤまでの汽車賃は十ルーブル十一コペイカであった。鉄道はここで終わり、バイカル湖の氷上を馬車で渡ることになる。この日は大吹雪が荒れた。

駅で食事をとり、馬を雇って十時半頃出立した。このときのグループは馬車十台、大吹雪をおかして氷結したバイカル湖を渡った。その寒さはたいへんなもので、「余充分の仕度せるも実に其寒気激しく、眼は氷に閉ぢ明くる能はず。皮の手袋をなし居しも、遂に両手の指を氷らせたり。夜に入り、リストビャンニチナヤ〔今のリストビャンカ〕と言ふ所に着せし時は言葉も出でざる程に寒に絶えざりし」馬車代は二人で八ルーブル五十コペイカであった。

ここの税関で荷物をあらため、また氷上の馬車でアンガラ川の対岸にあるバイカル駅に着き、そこから汽車でイルクーツクに至り、駅前のホテルに一泊した。

イルクーツクは東部シベリアの中心である。このアンガラ川岸の都市（一九七五年の人口約四〇万）は、約三百年前の一六五二年、当時東部シベリアに進出していたカザクの一隊（イワン・ポハボフほか）が原住民のブリヤート・モンゴル人やツングース人から毛皮税《ヤサク》を徴収する目的で、アンガラ川左岸イルクート河口付近のディヤチエ島上に冬営地を築いたのにはじまる。その後、人口の増加にともなって土地が狭くなり、それにしばしば水害にもあうので、一六六一年アンガラ川右岸の地（現在の市街の中心部）に移り、柵を築いた（イルクーツク市はこの年を創建の年と定め、一九六一年には盛大な三百年祭を催し、いくつかの記念行事を行っている）。

その後、一六七五年には人家四十軒を数え、九八年には人口千人に達した。また一六九〇年には市《ゴロド》として、モスクワ政府のシベリア局から銀色の楯に、テンを口にくわえたトラを配する紋章をあたえられた。この紋章が毛皮獣の王者、テンの豊富さを象徴していることは言うまでもない。その後この町は、モスクワ政府が新たに獲得した広大な地域における要衝としてしだいに頭角をあらわし、行政的には一六八二年までエニセイスク都督の管轄下にあったものが、この年には、独立したイルクーツク都督としてウラシエフが着任した。またこの頃には、イルクーツクの商人が当時中国領のウルガ（今のウランバートル）、ナウンなどの町まで出かけて商業を営み、露清間の官営貿易の進展とともにその中継地として栄え、一八世紀初頭には人口四千人に達した。

一七〇八年には、トボリスクを中心とする広大なシベリア県が設置され、一七一九年イルクーツクはシベリア県の五つの管区《プロビンツイヤ》の一つにはいり、六五年にはイリムスク郡、ヤクーツク郡、セレンギンスク郡、ネルチンスク郡、オホーツク郡をふくむイルクーツク県が独立し、エニセイ川以東太平洋岸までの行政的中心となった。

一八二二年、シベリアが東西の二総督府に分けられると、イルクーツクは東シベリア総督府の所在地として、遠くアレウト諸島やアラスカ方面へのロシアの進出、さらにアムール地方合併の策源地となったのである。また一九世紀後半にはいって、急速に開発された東部シベリアの金鉱山に対する設備、労働、食糧などの供給地としてもにぎわった。シベリア鉄道がイルクーツク、バイカル湖岸に通じたのは一九〇〇年であった。

イルクーツク駅はアンガラ川の左岸にある。このあたりの左岸一帯はグラズコボとよばれる高い段丘で、今でこそ大学などの文京地区になっているが、小三治がきたときは駅のまわりのほかには人家も少なかったにちがいない。市街は駅からアンガラ川をへだてた右岸にある。小三治はアンガラ川の氷上を馬橇で渡り、市内を見物しながら下宿をさがした。そしてラーニンスカヤ街のアンドレーエフ氏の一室を借りた。

二十五日は写真師のミレーフスキー氏、二十六日は同じくポーラフマン氏宅を訪れたが、いずれもたいへん親切にもてなされた。バイカル湖上で凍傷にかかった両手の指先はしびれていて、修整作業もできなかった。三月十三日イルクーツクで詠んだ歌。

文明の世は面白し萬国をおあしくなくとも腕で一周

凍傷はしだいに悪化し、五月二日クズネツォフ病院でついに切断治療を受けた。

イルクーツクでは何度か住居を変え、明治三十三年十月二十七日修整師として雇われ、翌三十四年九月十九日に解雇された。この理由はわからない。小三治としては失意の時期であったようである。

その後、明治三十六年八月、イルクーツクから姉にあてた手紙にはつぎのような文面が見える。

「……御かげを以て、只今にては二人位づつ日々つくろいの弟子も参り居り、殊にことばもようやくわかり申候故、夏などロシヤ人にさそはれ、山あそびなぞに参り候処、又た外国はおもしろき者にて、日本とはちがひ、美しきさくらの様な花は無之候へども種々になる草花をつみあるき、日曜日の如きは色々酒さかなを持ち、老たるは小供の手を引き、若き男女たがひに手を相たづさへて、其にぎはふ事、日本の向島の桜がりにことならず候。

シベリアの花つみつくせ　菊のなへ

三年前、私が此の地方へ参りし頃の事を思ひて、其の時私を始めにて四人の在留人と成りしも、一人は露人の為めにころされ三人と成り、今日にては日本人の在留者廿人を過ぐるに至れり。余は思ふ、早く此のイルクーツク市は多く菊なへを植えつけ、美ごとなる日本の公園とも成るべきやと存じ居候。

過ぐる露暦八月一日（即ち日本暦八月十四日）に小松宮殿下、当イルクーツク市へも立ち寄りに相成、在留日本人一同ステーションへ御迎へ申候。殿下には当市中を当市長の御案内に御遊らんあらせられ、翌朝五時汽車にて御出発相成候……」

この手紙の中で、露人のために殺されたというのは長崎県人荒木吉平のことで、小三治の書き残した別の文書によると、露暦一九〇〇年八月二十九日午後六時半頃、アルセナリスキー通りで若いロシア人に肉切包丁で腹を刺され、クズネツォーフ病院に収容されたが、九月一日死去した。同氏の旅券はペテルブルグの領事館に送られた。「三年前」とあるのは、小三治がはじめてイルクーツクへ来た一九〇〇年であるから、小松宮のイルクーツク訪問は一九〇三年、日露戦争の前年のことである。

七、日露戦争。小三治の結婚

日露戦争では、大部分のシベリア在留日本人はぎりぎりの時点でウラジオストクから引き揚げたが、なお奥地にいた八百数十名の人々は最終引揚船に間に合わず、結局ウラルを西へまわってドイツのブレーメン港からドイツ船で約八カ月後に帰国した。これらの人々は、ロシア国内の各地を転々とし、ひどい苦労をしたようである。しかしこれは、日本による先制攻撃の犠牲になったとも言える。いわば置きざりにされたのである。

小三治は日露戦争中、シベリアに残留していた。一九〇三年発行から一九〇六年までのイルクーツク滞在許可証が保存されているが、彼の滞在地がイルクーツクであったかどうかは今のところはっきりしない。とにかく一部ロシア人たちの協力によって、うまく官憲の目をのがれて残留することができたらしい。シベリア在住の中国人、朝鮮人、あるいはロシア人と結婚したり、あるいはその妾として残留した日本女性が少数いたことはたしかであるが、男子の場合はごくまれであると思われる。小三治はそれだけロシア人に親しまれ、また信用されていたのであろう。面白いのは、日露戦争後、日本とロシアの間で平和条約が締結されたとき、近隣のロシア人たちが集まってきて、「お前の国が勝ってよかったね、おめでとう」と言って祝杯をあげてくれたという話である。この話は、小三治の孫にあたる石本千恵子さんが父親からきいたこととして筆者に語られたものである。この話は多くのことを物語っている。一つには、ロシア国民が日露戦争にたいして極めて消極的あるいは否定的であり、その戦後には「第一次ロシア革命」といわれる危機的状況にあったことをよく示している。たしか、レーニンも日露戦争に敗けたことを喜んだときいているが、これは民衆の実感でもあったのであろう。

一九〇七年一月十四日夕方六時、三十九歳の小三治はイルクーツクのプレオブラジェンスキー教会でエマ・パルセアナ・ゲンゼリという二十五歳の女性と結婚式をあげた。エマさんの父親は、ゲンゼリという名前とルッター派信者ということから見て、バルト海地方のドイツ系の人らしい。残っている写真などから判断して、シベリア鉄道の技術者としてイルクーツクに移住した人と思われる。小三治はロシア正教の洗礼を受け、グレゴリーと名のった。プレオブラジェンスキー教会はイルクーツク市内のウシャコフカ川（アンガラの支流）に近い住宅地にあり、すぐ裏手に有名なデカブリスト、ヴォルコンスキーの住んだ家が残っている。これは記念物となっているため、イルクーツクを旅行する人はこの一帯を容易に訪れることができる。教会の建物は、今は文書館として保存されている。

八、イルクーツクと日本人

小三治はこうしてイルクーツクで結婚し、一九一八年夏帰国するまで約十一年間、この地を本拠にして暮らすことになる。長男幸二氏もここで生まれた。小三治にとって、イルクーツクは、いわば第二の故郷であったということができる。

イルクーツクは、実は古くから日本人とは特別のつながりをもっている。ここで、その歴史を簡単にふりかえってみよう。

ロシアにおける最初の日本人はふつう伝兵衛であるとされている。伝兵衛の乗った船は一六九五年（元禄八年）、米・酒などを積んで大阪から江戸へ向かう途中、暴風雨のために帆柱を失い、六カ月間漂流の後カムチャツカの南岸に流れついた。乗組員は漂着の前後みな死に、彼ひとりが生き残った。彼は、ロシア人として最初にカムチャツカを踏破した五十人長アトラソフに救われて、一七〇一年イルクーツク経由モスクワへ送られた。翌年彼はシベリア局で日本の風土や人情、生活について語ったが、これはロシアにおける最初の日本人による日本事情であった。伝兵衛は一七一〇年洗礼をうけてガブリエルと名のり、ついに故郷に帰ることはできなかった。

その後一七一九年サニマ（村山七郎先生によると三右衛門）、一七三四年ソーザとゴンザという漂流民がペテルブルグへ送られたが、彼らもみなイルクーツクを通ったにちがいない。

一七四五年（延亨二年）、南部佐井港を出帆した竹内徳兵衛の船は千島列島のオネコタン島付近で難破し、船頭徳兵衛のほか六人は死亡し、十人が岸に漂着した。彼らはボリシェレツクの町に連行されたが、このうち五人は一七三六年ペテルブルグに開設された日本語学校の教師として養成される目的で首都に送られた。一七四七年残りの五人もヤクーツクからイリムスク、イルクーツクへと移され、一七五四年イルクーツクの航海学校内に付設された日本語学校の教師となった。この学校はその前年元老院の命令でペテルブルグからこの地へ移されたものである。一七五四年にはヤクーツクにも日本語学校が開設されたが、後にイリムスクに移され、一七六一年イルクーツクの学校に合併された。この年、学校の日本人教師七人、学生は全部で十五人であった。

イルクーツクの日本語学校は一八一六年まで曲がりなりにも存続したが、その間の注目すべき成果の一つはこの学校の学生であったアンドレイ・タタリノフの『露日辞典』である。本書は一九六二年ソ連科学アカデミーの東洋学研究所からペトロワ女史の校訂と解説によって公刊された。タタリノフは徳兵衛一行中の「さのすけ」とロシア婦人との混血児で、日本名を「三八」と言った。

つぎにイルクーツクへ現れた日本人は伊勢漂民の船頭大黒屋光太夫ら一行である。伊勢国若松村生まれの光太夫は一七八二年（天明二）十二月、乗組員十六人とともに駿河沖で暴風におそわれ、舵と帆柱を失い、八カ月あまり漂流して八三年八月アレウト諸島中のアムチトカ島に漂着した。その生き残った六人はカムチャツカからヤクーツク経由でイルクーツクに着き、やがてペテルブルグでエカチェリーナ二世に謁見して再びイルクーツク経由で日本に帰還した。彼らがイルクーツクに滞在したのは八九年二月七日から九一年一月十五日までと、ペテルブルグから帰途の九二年一月二十三日から同年五月二十日までの二回であったが、イルクーツクの印象は最も鮮明であったようで、光太夫と桂川甫周との共著ともいうべき『北槎聞略』のいたるところでこの町の生活を引き合いに出している。彼らはこの町で科学者キリル・ラクスマンの知遇を得た。ラクスマンは一七八四年イルクーツク付近のタリツィ村にガラス・陶器工場を設立し、製品をほとんど全シベリアに供給していた。この工場は一九五六年水力発電所のダム建設に際して解体された。

さて光太夫ら一行のうち新蔵と庄蔵は受洗して、イルクーツクの日本語学校の教師として、この町に骨を埋めた。新蔵はイルクーツクの中学校の校長とともに、『日本および日本貿易について』と題する書物を著した。

新蔵のロシア名はニコライ・ペトロヴィチ・コロテギン、庄蔵のロシア名はフョードル・ステパノヴィチ・ソテフコフであった。庄蔵は凍傷のために足を手術し、やむを得ず帰国をあきらめたものであった。帰国する光太夫らと残留する庄蔵とのイルクーツクの別れの場面は、『北槎聞略』の中でもひときわ光っている名文である。

「さて五月に至り漸々《やう〱》船《ふな》よそほひも調《とゝのひ》しよしにて、二十日の巳の刻計《ばかり》にイルコツカを発足《ほつそく》す。かねて療病院《りやうびやういん》より庄蔵を磯吉が旅宿へよびよせおきしが、わざと発足《ほつそく》の事をばかくしおき、立ぎはに俄《にわか》にいとまごひをなしければ、庄蔵は只呆《たゞあきれ》て物をもいはず忘然《ばうぜん》としたる躰也《ていなり》しが、光太夫立《たち》より手をとりて、今別《わか》れて再《ふたゝ》び会《あふ》べきともおぼへず、死《し》して別《わか》るゝもおなじ道《みち》なれば、よく〱互《たがひ》の面《おもて》をも見おくべしと、ねんごろに離情《りじやう》をのべ、いつまでおしむともつきせぬなごりなれば心よわくては叶《かな》はじと、彼邦《かのくに》のならひなれば、つとよりて口《くち》を吸《す》ひ、思ひきりてかけ出《いだ》せば、庄蔵は叶《かな》はぬ足《あし》にて立《たち》あがりこけまろび、大声《おゝごゑ》をあげ、小児《せうに》の如《ごと》くなきさけび悶《もだ》へこがれける。道《みち》のほど暫《しばし》のうちはその声耳《こゑみゝ》にのこりて腸《はらわた》を断計《たつばかり》におぼえける」

なごりはつきないので、最後は、彼の国のならいにしたがって、「つとよりて口を吸った」のである。小三治の妻エマがイルクーツクで自分の両親や姉妹たちと別れたときも同じ光景であったことだろう。

光太夫らは一七九二年（寛政四）九月三日、ロシアの第一回遣日使節アダム・ラクスマン（キリル・ラクスマンの長子）にともなわれて根室に帰還した。ラクスマンの乗船エカチェリーナ号は根室から箱館に回航し、徒歩で福山まで出て幕吏と会見した。このとき日本側は、なんとか穏便に帰ってもらおうと思い、他日長崎に来航したときの証として「おろしや国の船壹艘長崎に至るためのしるしの事」と記された信牌と諭書をあたえた。諭書の中には、この信牌を提示するロシア国の船は長崎港に入航でき、また同地には本件について更めて商議すべき全権をあたえられた日本国官憲が駐在していることが書かれてあった（丸山国雄『日本北方発展史』六二ページ）。ロシア側は、これによって、次回長崎に入航すれば、日本との間で通商協定の商議をはじめ得る特権を得たものと理解した。事実、そう理解してもおかしくはない内容であった。

なお、光太夫らの事蹟は、作家井上靖の名作『おろしや国酔夢譚』に活写されている。

光太夫らが帰還してから一年後の十一月末、仙台の津太夫ら若宮丸の乗組員十六名は石巻港を出発して暴風にあい、翌年アレウト列島の一島に漂着、生き残ったものは一七九五年オホーツク、ヤクーツク経由イルクーツクに送られた。彼らはここに一八〇三年四月まで滞在したが、その間新蔵の世話になっている。新蔵はそのとき、年の頃四十二、三歳、男の子二人、女の子一人の子どもがいて、三十歳くらいの後妻と暮らしていた（大槻玄澤『環海異聞《かんかいいぶん》』一六九ページ)。

津太夫ら四人はロシアの第二回遣日使節レザノフ(シェリホフの娘婿)にともなわれて、一八〇四年帰国した。仙台藩の藩医大槻玄澤・志村弘強の両人は藩命によって漂民と問答を交わし、これによって『環海異聞』が編纂された。

レザノフはロシア帝国のためだけでなく、彼の関係していた露米会社の発展のためにも日本との通商関係の樹立を期し、前記の信牌のほか多くのみやげ物をもって、一八〇四年九月二十六日(文化元年九月六日)、ナジェジダ号に乗って長崎に入航した。本国を出帆してから一年あまりが過ぎていた。ところが長崎奉行は、江戸からの指令のくるまでそのまま船上で待機するよう申しわたした。レザノフは乗組員の病気、船の修理などを理由に上陸を求めたので、十一月十五日これを許した。幕府からは翌年正月、目付遠山金四郎景晋が長崎に派遣され、三月六日、奉行所でレザノフを引見した。長崎入港から実に半年あまりが過ぎていた。ところがその結果、即時退去を命ぜられたのである。そのときの「諭書」なるものがふるっている。

「……海外無価の物を得て我国有用の貨を失はん、要するに国計の善なるものにあらず……再来る事を費すことなかれ」

こうしてレザノフは真綿二千把と米塩をあたえられただけで、文化二年三月二十日長崎を出帆、帰途についた。レザノフの失望と憤慨は想像に難くない。

幕府もひどいことをしたものである。ことわるならことわるで、もっと早くするべきであろう。当時の日本の識者にも、この措置について批判するものがあった。例えば司馬江漢は、「魯西亞の使者を、半年長崎に留め、上陸をも免さず、其の上彼等が意に戻り、且其の返答甚失礼不遜。……必や吾国の人を、彼等禽獣の如く思ふなるべし。嗚呼慨哉」と書いている（大槻玄澤『環海異聞』、六四ページ、大友喜作の解説）。

レザノフは帰途オホーツクで、自分の部下フヴォストフ中尉とダヴィドフ少尉にその憤懣をぶちまけた。これをきいたふたりは、日本にひと泡ふかせてやろうと決心し、千島や樺太の日本番所を焼きはらったり、そこにいる日本人を捕虜にしたりした。彼らの暴挙はもとより筋ちがいであり、許されるものではない、しかしその原因として幕府の態度があったことも忘れてはならないだろう。こうした図式は、どうやら、昔も今も変わらないようである。

この捕虜はやがて日本に送り返されるが、そのひとり、一八〇四年捕らえられたエトロフ島の番人中川五郎次は、イルクーツクで仙台漂民の残留者のひとりキセリョフ善六の世話になっている。五郎次はイルクーツクで種痘の術を習い覚え、一八一二年帰国のときにはロシア語の種痘書を一冊持ち帰った。彼はこれによって、一八二四年、三五年、四二年の天然痘流行のとき、世人に種痘をほどこして多くの人命を救った。またこの種痘書は一八一四年馬場佐十郎によって、『遁花秘訣』と題して訳されている。五郎次はこうして、日本における種痘法の元祖であろうとされている。また彼は『異境雑話』と題する面白い本を残している。なお、フヴォストフとダヴィドフは逮捕され、数年後ペテルブルグのネワ川で酔っぱらって水死した。

つぎにイルクーツクを訪れた日本人は榎本武揚である。彼は一八七四年（明治七）、特命全権公使としてペテルブルグにおもむき、翌年五月ロシアとの間で千島樺太交換条約を締結し、明治十一年帰国したが、その帰路に有名な『シベリア日記』を書いた。彼のイルクーツク滞在は八月二十八日―三十日であった。彼はこの町の印象として「其佳景ナルコト……実ニ『シベリア』ノ『ペテルブルグ』ト名クルモ虚ナラズ」と書いている。そして「美酒佳肴坐ニ満」ちた招待を受けるが、「主人ハ甚タ真率ノ性質ニテ極メテ親切」で、食後主人と同乗して本通りの「ボリシャヤ・ウーリッツァ」など市内を一巡した（榎本武揚『シベリア日記』一〇一―一〇二ページ）。この通りこそは現在のカール・マルクス街である。海軍中将の正服をつけた彼がロシアの高官とともに、数頭立ての馬車に乗ってこの通りを行進した有様がまざまざと想像される。

彼はここで砂金の生産について深い関心を示し、東部シベリア唯一の溶金場を訪れ、また郊外にある焼酎製造所とガラス製造場のことにもふれている。また博物館ではバイカル湖で産するアザラシの標本を見ている。彼のイルクーツク滞在は短時日であったが、とくに科学的な立場から鋭い観察を下している。

榎本武揚の後、一八九二年（明治二十五）、有名な福島安正中佐の単騎シベリア横断旅行が行われた。彼はその年の十二月八日から十九日の朝までこの町に滞在し、コサック連隊の兵営や陸軍病院、士官学校、小学校、博物館などを見学している。気温は零下二十五度くらいで、

「一日露国風の蒸風呂に入り、室外に出るや、内外寒暖の差甚だしく呼吸圧迫して苦しかりき」と書いている（太田阿山編『福島将軍遺績』一五一ページ）。

この同じ年ウラジオストクからベルリンを目ざした一日本青年がいた。これは一八九七年ドイツ語で『シベリア隊商紀行』なる書物を発表した玉井喜作という人物である。玉井は一八六六年（慶応二）山口県に生まれ、「ヨーロッパ文化、とくに世界貿易をその本場ドイツで学ぶ」ことを目ざし、九二年ひそかに日本を脱出してウラジオストクに上陸した。そこから隊商の群れにまじって約二万キロを一年半で踏破し、一八九四年二月あこがれのドイツに着いた。ドイツでは新聞記者として活躍したりしたが、一九〇六年ベルリンで四十一歳で死んだ。

玉井は一八九三年イルクーツクに三カ月滞在し、橇二百二十五台からなる茶輸送の一行に加わって出発した。イルクーツクについてはつぎのように書いている。

「イルクーツクを去るのはたいへん辛かった。バイカル湖とウラル山脈の間に住んでいる唯一の日本人であり、私の同郷人でもある椎名安之助という人と別れることになったからである。……零下二十三度という寒さにもかかわらず、依然として川（アンガラのこと）にはまだ少しも氷が見られなかった。つまり流れが強いため、氷結が妨げられているのだった」（玉井喜作『シベリア隊商旅行』）

以上、十九世紀末までイルクーツクに足跡を残した日本人の一部を簡単に紹介したが、このことによってイルクーツクと日本人との間に深い歴史的なつながりのあることが知れるのである。

その後、日本のシベリア出兵のときには、日本軍の一部隊がこの町に駐留した。第二次世界大戦後の日本人捕虜は、のべにすれば数千人がこの町とその郊外で建設その他の作業に従事している。

わたしは一九四八―四九年頃、イルクーツクで一年近くを過ごしたが、これはわたしの抑留生活を通じて最も文化的な環境であったということができる。その頃、わたしは数カ月間作業場の通訳をつとめ、わずかながら自由な時間をもつことができたのである。

わたしたちはカール・マルクス街やレーニン街の歩道の修理をしながら、秋の木の葉の散りしきるなかを行きかうロシア娘たちの脚線の美しさに見とれたこともあった。またアンガラ川にかかる大橋（一九三六年建設、最近までアンガラ川の左右両岸はこの一本の橋で結ばれていた）を毎朝のように渡りながら、あるときは渦巻いて流れる清流に眼を奪われ、あるときは岸辺の草が緑から黄色、黄色から茶褐色に変わってゆく光景を、圧倒的な重みでせまってくる冬将軍の恐怖におののきながらながめたのであった。

カール・マルクス街の大きな本屋にも何度か通ったことがある。その入口の壁には大きな文字で「知識は力なり」というレーニンの言葉が書かれてあった。当時わたしはロシア思想史に興味を抱き、新刊のベリンスキーの三巻選集をこの書店で見つけ、ためつすがめつながめていた。定価は当時の金で三十ルーブルほどだったが、買うなどということは、もちろん考えられないことであった。わたしがよほどそれを欲しがっているように見えたのであろうか、隣にいたブリヤート人のイルクーツク大学生がわたしに話しかけ、この三冊をわたしに買ってくれたのである。それは、ソ連の市民生活も今よりずっとせちがらかった時代のことである。この本はその後、収容所を転々とするたびにかついで歩いたが、残念ながらどこかで手ばなす羽目になってしまった。このほかにも、抑留期間を通じて、ロシア人を含むシベリアの住民たちのあたたかい人情に接したことは無数にある。

イルクーツクへは帰国後十回近くも訪れたことがあるが、この町にたいして、わたしは特別の親しみを感じている。歴史的理由以外のもう一つの理由は、バイカル湖から流れる清流アンガラ川のせいかも知れない。この水は飲料水としても、ソ連じゅうで最高ではないかと思う。

九、ボタイボ金山

さて、都築小三治のことにかえろう。彼はイルクーツクからレナ金鉱山の中心地ボダイボに出張した。ボタイボは東部シベリアのビチム川流域の深い山中にあり、途中馬車や川船で、冬ならば橇で千数百キロを踏破しなければならない。私の知っている限りでは、日本人でボタイボ金山に行った人は小三治をおいてはないと思う。ましてそこで生活した日本人などは考えられない。小三治は新婚生活をここで過ごし、長女清子さんはここで生まれた。

小三治の手帳に残っているのは、一九〇七年三月二十日雪の日にイルクーツクを出発したときのことである。まずイルクーツクから北北東二百四十キロを馬車で行くことになるが、あたりは樹木の少ない荒涼とした地域で、カチュグ、ポノマリョボ、ジガロボ、ウスチ・イガ、ボヤルスクなどの集落を経て、レナ河岸のウスチ・クートに出、ここで川船に乗り換える。しかし冬はレナ川の氷上を橇で走る。ウスチ・クートは現在ではブラーツクを経由するバム鉄道の終点になっている。小三治の手帳には毎日の出発時刻と到着時刻、休憩したときのお茶代、食事代、馬車代などが細かく記入されている。たいていは朝五時とか六時に出発、夜は九時から十一時頃に着いている。

ウスチ・クートのあたりのレナ川はまだ、その揺籃の地バイカル山脈に近く、まだ下流で見せる大河の面影はない。しかし下流に比べると流れは早い。この地域では、夏の間川が最大の交通機関であるため、船はところどころの河岸集落に立ち寄って住民に必要なものを売り、また奥地の金山に必要な薪その他の品物を仕入れる。川沿いの宿場は上流の方から番号がふられてあった。氷上の橇はほとんど昼夜の別なく乗りっぱなしであった。小三治が、キレンガ川とレナ川との交流点キレンスクに着いたのは三月二十六日の夕方五時であった。

ウスチ・クートから七百二十五キロのビチムスクに着いたのは三月三十一日、ここでレナ川と別れていよいよビチム川をさかのぼることになる。ここも夏は小船が通っている。ビチムスクでは牛肉を焼いて食べ、元気をつけた。

ビチムスクからビチム川へ入ると、まわりの人々の話題はがぜん金《きん》のことに集中される。ここでは老若貧富を問わず黄金狂になるのである。ビチムスクから約三百三十キロのボダイボ一帯が有名な「オリョクマ・ビチム金鉱山」である。十九世紀末当時、年産額八トンに達していた。金鉱山はふつう渓流沿いに幅二百—五百メートル、長さ約五キロほどの鉱区に分かれている。あたりはたいてい岩石露出して樹木は少なく、それに渓流が岩をかんでいる。金は土砂の中に含まれているが、もし百プード（百六十五キロ）の土砂中に七十ゾロトニク（約三百グラム）の金が含有されていれば、それは十分採算が合うと当時は考えられていた。機械化がすすんだ現在では、それよりずっと少ない含有量でも採算がとれるであろう。含有量の検査は、渓流沿いにいくつかのたて穴を掘り、その砂を採取して分析し、平均値をとるのである。しかしそれでも、鉱区の選定に失敗して、業者が損をすることも少なくなかった。

金を含有する土砂が地表に近いときには、まず表土を剝ぎ、それを一輪車に積んで渓流を利用して作られた大きな桶の中に入れる。桶の底には小さな穴がいくつもあけられてあって、そこから金を含む土砂が流出し、大きな石ころなどは桶の中に残ることになる。この桶全体が水流でまわるようになっている場合もある。また金含有層が厚い場合には、たて杭を深く掘って鉱石が採取される。流出した金を含む土砂は、ゆるやかに作られた樋を流れ、木枝などを通過し、最後にはラシャなど粗い布の上を流れ、そこに金粒と砂鉄など重いものを残すのである。

これを一日に二、三回拾い集めて乾燥させ、鉄製の箱に収めてイルクーツクに運び、金塊に固められる。業者はここで代金を受け取る。

金鉱山は人間の欲望が露骨に現れたところで、そこでの生活は人びとを荒廃させる。小三治はここの人びとのために写真館を開き、収入も多く、シベリア生活を通じて最も裕福であった。新妻との平和な生活がつづき、彼の生涯でいちばん幸せであったと思われる。すでにのべたように、長女はボダイボで生まれた。小三治の手帳にはまたボダイボの金山へ向かったときの様子を書いたつぎの文章がみえる。

「春とは言へど春ならぬ、今住む里は雪の里、旭もそれと姿さえ、見ぬ日の多き山中に、我れ何なれば来りつらん。思出せば去年の春、如月二十七日夕近く、発足せしは是れぞイルクーツク市の都にて、まだ邦人の来ぬさきに我れ来りしが始めにて、来る年毎に我が邦人の来まさりて我をも訪のふ人の多かりし如くまでなれるし、都をば彼の友人に見送られ、旅から旅と出し身の、身にまとえるも、寒夜肌にはあつきメリヤスのシャツ、モモヒキ二重に着なし、セビロの服を身にまとひ、上にはガイトウ、其の上には黒イヌの皮にて仕立てしウラ表いと大やかなるシューバ、エリを立つれば帽子もうづむる、夜ふけて着し友に名残も打つむちに早や都を打ち出づれ、北を流るるレナ川の、川の氷上行く事数十里、日は正に暮れ月に照らせる白砂に隈こそ無けれ夜の道、様子も明かぬ夜の空、心ぼそくぞ思はれて、都を去ること二千余里、晝夜をおかし金山へ金山へ……」

さらに、宛名不明の手紙の控えには小三治のボダイボ金山での様子が書かれている。宛先はイルクーツク在留の日本人のようである。

「……小生御地出立以来十一日目に無事ボダバ〔ボダイボ〕に着き仕候処、遂に病気発生、二日間旅館に滞在仕り、其より又四十余露里は気事便(?)にて、其より三十露里にてポタボスキーという処に着く。余が主人は此の地に奉職致さる測量士絵図士にて、余は又是の地に三日間滞在、未だ余が居宅とする写真館は建築中に付き、又是より七露里を至りジイデンスキイと云所、是は此の金山の主ペルジカローフ云ふ人の居宅有り。又最も此の金山に付きての主なる会社有る地に御座候。此所に半日滞在し、会社より馬を貰い、其より又三露里を至りヒョウドルシイスキイと云ふ所は余が本館の仕事有るに付是を見て、又九十露里を至りチイハニーイと云ふ所に参り、是地に十二日間滞在し、帰途ウェルフニ・ポダイピンスキイと云ふ是山の最も高き所に参り、一日滞在候も、実に積雪はサージン有、家、窓をおおい、道はいずれもせまきこと一頭の馬道、雪は深き事少きも一アルシン半より二アルシン、道は高きこと一アルシンより一アルシン半、馬にて踏みかためたる者に御座候。為めに、余が九十露里の内、落馬せること六回、実に自身考へるもおかしき様に御座候。其より又ポタボスキイに帰り、四日間滞在、其より又パアスカニ村より私宅に硝子を揚る事を得て開業仕候。是日は三百円以上収入有之候。只々自身を労すること実に閉口仕候。只、是山奥の一軒屋に余と十二歳になる小供のみ御座候」。小三治はこれにつづいて、ボダイボにおける物価の一覧表をつけている。例えば「砂糖一斤三十銭、ウォッカ一本一円、卵十個五十銭、写真は手札形で六枚写し、半身のみで六円、キャビネ形三枚写、三人まで六円、以上一人につき一円を増す」となっている。当時の一ルーブルは当時の日本円で約一円であったから、銭はほぼコペイカに相当する。したがって、かせぎは相当なものであったことが知られる。

小三治はその後もボダイボとイルクーツクの間を往復していたようである。

十、都築小三治の帰国と当時のイルクーツク

一九一八年夏、彼はイルクーツクから妻子をつれて帰国した。この年の八月、日本のシベリア出兵が宣せられた。小三治の帰国直前の数年間は、イルクーツクでも革命運動をめぐっていくつかの変転があったが、小三治自身はそれについてほとんど書き残していない。

そこで、一九一六年にイルクーツクに出かけ、一八年四月十七日に逮捕されるまで同市に滞在した日本人由上治三郎の記録をもとに、小三治の引き揚げ直前のイルクーツクの状況をつたえよう。これは主として昭和二十五年七月、大阪で出版された『革命』と題する本によったものである（由上は日露戦争にも従軍した予備役陸軍中佐であった）。

一九一六年当時、イルクーツクに在住する日本人は二百人あまりで、うち百五十人が、いわ

ゆる「醜業婦」とその日本人経営者であった。残りは「洗濯屋が大部分で、次は時計修理店、散髪屋等で、誇るに足る雑貨商はたった二軒、ほかにお醫者が三人、歯科醫一人あった。尚当地の神学校へ留学の青年が一人、獣醫でロシア軍に志願して隊附となっていた一人の軍人もいた」(前掲書、一五ページ)

この医者三人のうち、二人は十分な資格をもっていなかった人のようである。小三治のような写真師ももちろんいたことであろう。

一九一六年十一月には、日露親善の特使として閑院宮がペテルブルグに特派されることになり、シベリア鉄道でイルクーツクを通過された。在留の日本人たちは駅で宮を送迎した。

一九一七年の十月革命の後、イルクーツクでも革命と反革命の勢力の対立が激化し、その年の十二月には双方の武力衝突にまで発展した。由上治三郎は当時イルクーツクで居留民会長のような立場にあり、ときには領事の役割をも果たしていた。彼の回想その他とロシア語文献を合わせて、その間の事情をつたえてみよう。

十二月に入ると、ボリシェビキの幹部(シベリアのソビエト中央執行委員会)が市内の官公庁、各機関の接収にとりかかった。しかしイルクーツクの陸軍士官学校だけは十二月八日(新暦二十一日)までの解散命令を無視しつづけた。「生徒隊長のニキチン大佐は全生徒を掌握し、一戦敢えて辞さない態度であった。当時イルクーツクには正規の士官学校一つと臨時士官学校一つとがあった。生徒の数両者合して一千名位で、歩兵科と機関銃隊のみで砲兵科はいなかった。一方衛戍部隊は歩兵二聯隊と砲兵一聯隊がいた。歩兵は当時尚日和見状態で何れに帰属するとも判明しなかったが、砲兵隊はボリシェビキに加担するとはっきり態度を決めた。そこでボリシェビキの接収員はニキチン大佐に向って、十二月二十五日〔ソ連資料では新暦の十二月二十一日〕までに士官学校を解散し、武器弾薬を接収員に引渡す旨命じた。しかしニキチン大佐は断乎これを拒絶した」この日から戦闘は開始された。

赤軍は通称ベールイ・ドームの〔白い家〕と称する旧総督官邸を確保し、今の地方誌博物館を含むその周囲の建物はほとんどが士官学校生徒隊によって占められた。十二月十日〔新暦二十三日〕にはラゾーが赤軍部隊を率いてクラスノヤルスクからイルクーツクに到着した。「生徒隊には、機関銃を有っていたが砲兵を有しない。赤軍には砲兵を有っていたが機関銃を有しない。兵数は赤軍の方がはるかに優勢であったが、何分にも訓練のない労働者の集まりであり、生徒隊は数に於ては劣るも、訓練あり且つ教養ある知識部隊である。……かくして夜となく昼となく、イルクーツク市は、いんいんごうたる銃砲声に包まれた。五日経っても勝敗が決しない」（由上、前掲書、一四〇ページ）

この戦闘は市街の中心部で行われただけに、市民生活に想像以上の影響をあたえたようである。そのときの模様をつたえたイルクーツク在留日本人の手紙が四回にわたってウラジオストクの邦字新聞『浦潮日報』に発表されている。まず第二信は戦闘の開始された十二月二十一日午後九時頃のことである。

「……小銃、機関銃の乱射耳を劈き、続いて打ち出す大砲の殷々たる響は、数分時以前の静寂に代って全市は今や一大修羅場の様子に候……」（大正七年一月十九日、第二八号）

つづいて十二月二十六日の様子が第三信に書かれている。「……三、四日前より戦闘地域に近き市民は一歩も戸前に出でず、弾丸は雨霰と屋上に落下し、殆んど生きたる心地もせず。或は地下室に潜伏し、或は諸器物を楯として身を隠し、殊に某日本商店の某氏一家の如きは終日終夜腹這ひの姿にて過し来りたる有様なれば、此上焼打ちと相成りては九死に一生も到底得難しと観念仕候。されば弾丸の間をくぐりて右往左往と続々避難するもの多く、殊に流弾に当つて仆れるものは少からざれば、子を呼ぶ親の声、良人を求める妻の叫び、父を探す子の叫び等悲惨なる様子目も当てられず、又各自に夜具或は荷物を負ひ、中には身一つにて辛うじて避難するものある様、言語に絶したる惨状に御座候。（中略）夜八時頃と覚しき頃、フト裏手に面せる硝子窓を透して見れば、空は一面に紅色を呈し居り候。大火よと裏手に出で物置小屋に隠れて見てあれば、ボリシャーヤ・ウーリッツァの方に当り、三ヶ所より渦き上る大火柱は焔々として九天に冲し、東へ西へ、右へ左へと火の手は拡がり行く有様此世ながらの焦熱地獄と思はれ申候。翌朝六時頃火の手はやみたれ共、戦ひは尚止まず、かくて五日間は経過し、更に廿六日より廿九日まで再び火炎が起り、焼失家屋はかの膨大なるもの実に五十戸以上なりとの事に御座候」（大正七年一月二十二日、第二九号）

まさに臨場感あふれる描写である。ロシア語文献でも、これだけ迫力のある記述はないと思われる。文中、「ボリシャーヤ・ウーリッツァ」というのは、今日でもイルクーツクの中心をなしている「カール・マルクス街」のことである。都築小三治の一家もこうした状況を目撃したことであろう。

このような市民の窮状を前にして、十二月十七日（新暦三日）午前五時に双方はついに和平文書に調印した。由上治三郎の記録によると、この和平会議には「イルクーツク駐在の各国領事も立ち会ってきいてくれとのことで、私のところへも案内してきた。私は領事でも何んでもなく一民会長に過ぎなかったけれど、世間では領事といっているので、招かれるがままに出席した」（由上、前掲書、一四二ページ）

「……そして赤軍の大部はクラスノヤルスクに送還され、また士官学校の方も苦戦奮闘一週間以上にも及んだから、身心ともに疲れ切っていた。そこへ休戦となったのだから急に張り合いがぬけ、故郷へ帰るものが続出した。四、五日経つと生徒隊はちりぢりばらばらになってしまった。これは白軍のため非常な不利を招いて、もう再戦に起ち上る部隊がなくなってしまったから、赤軍は戦わずしてイルクーツクを占領することになった。ニキチンは無念の涙恨を呑んでハルビンへ亡命した。

この情勢を見てとったイルクーツクのツァーリズムや富豪は、いち早く天津、上海或いは大連の方へ亡命を始めた。中には途中で逮捕されて、後はどうなったことやら消息不明のものが数知れずあった。亡命には領事の証明書を持っていると有利だというので、私のところへ毎日

幾十人の人が押し寄せて、日本行きの証明書を出してくれとせがみついた」(前掲書、一四三―一四四ページ)

由上は翌年、つまり一九一八年の四月十七日の夜半、反革命運動のかどで捕らえられ、イルクーツク郊外の監獄に入れられた。ここで彼はイルクーツクの革命執行委員会の最高幹部のひとりヤンソンの取り調べをうけるが、そのヤンソンについて、「私の眼に映じたヤンソンは、やさしい人情味のある人だった。外国人にたいし無理な裁判をしたくないという親切心はあった」と書いている。当時、由上らが反革命の側で活動していたことはたしかである。

私はここで、シベリア出兵にブラゴベシチェンスクで特務活動に従事していた石光真清が革命家ムーヒンを高く評価していたのを思い出す(石光真清『誰のために』)。ロシア革命は、このように、いわば使命感にあふれた人びとによって支えられ、そして成功したと考えられる節がある。

その後六月下旬、由上はチタの監獄に移され、八月二十五日、反革命勢力によって釈放された。そこで由上は彼の「憧憬の地、心の故郷」イルクーツクを再訪するが、在留日本人はわずか三十名ばかりになっていた。「物が足らなくなり、物価が日々高くなって、市民の生活は日一日とその苦を増して行くのであった」(由上、前掲書、二二六ページ)

一方、日本はこの月の八月二日シベリア出兵を宣言し、日本軍はシベリア鉄道沿線の各地に進駐しはじめた。由上はいったん帰国するが、やがて召集をうけ、中佐としてチタ、ハバロフスク、最後にブラゴベシチェンスクの特務機関長として活動するにいたった。このとき彼はセミョーノフ軍に加わって赤軍との戦闘をなんども経験し、その結論としてつぎのように書いている。「烏合の衆とはいえ、赤軍は上は指揮官より下は一兵卒に至るまで、革命の必要に迫られ革命の意欲に燃えていたのである。喰いはぐれの将校が集って、強権を以て人を集めて見ても、その意気に於てその戦闘意欲に於て、赤軍とは比較にならなかった。日本人である私が、日本観を以てロシアをみたことがそもそも大きな誤りであった」（前掲書、二三〇―二三一ページ）

都築小三治はこのようなシベリアをあとにして、一九一八年夏、ロシア人妻と子どもたちをつれて帰国した。そして、その年の九月、日本のシベリア出兵にともない、通訳として月給八十円で雇われた。妻子のある身で、生活のためにはやむを得なかったのであろう。彼は主としてベリョゾフカ（ウラン・ウデの郊外）で勤務した。このとき勤務地からそう遠くないイルクーツクを訪れ、妻エマの姉妹に会い、かつてうつした記念写真と金十ルーブルを渡している。

日本のシベリア派遣軍の撤兵が完了するのは一九二二年十月二十五日であるが、都築小三治の所属した部隊の引き揚げはおそらくこれよりも前であっただろう。これ以後彼は、一九四六年（昭和二十一）六月、東京八王子で死ぬまで、言葉もろくに知らない妻と子どもをかかえ、生活を支えるのにたいへんな苦労をしたにちがいない。ましてや、「赤の国」からきた妻である。戦争の絶えなかった当時の日本は、そういう人にとって住みにくい風土であった。その苦難は想像にあまりある。

都築小三治は、言わば名もなき一日本人として、その生き方、あるいは生涯そのものをもって、日本とロシア（ソ連）、さらにはシベリアとのかけ橋となった人である。彼がシベリアに渡ったのは一八九九年（明治三十二）五月であったから、一九一八年（大正七）夏、妻子とともに引き揚げるまで十九年間シベリアに在住したことになる。その後のシベリア勤務を加えると、実に二十数年にのぼる。しかも三十歳から後の、言わば人生の最良の時期である。

人類平和の第一歩は異なった国民どうしの相互理解である。これを口で言うことはやさしい。しかしそのことを、自らの生涯をもって実践した人は少ないと思う。都築小三治は日本の大学も、モスクワの大学も出なかった。共産主義者でもなかった。勲章ももらわなかった。彼は民衆の中で、民衆として生きた。ロシア語の学習にしても、はじめはカタカナで克明に手帳に書きこんで暗記している。今でもその手帳が残っているが、その努力には頭がさがる。大言壮語の「志士」にたいする反発、日露戦争中でさえもシベリアのロシア人に尊敬され愛された人が、ボダイボ金山という日本人としては前人未踏の地での生活、イルクーツクでの結婚など、彼の生涯の諸断面はどれ一つとっても実に興味深い。私はいずれ、もう一度この人物の生涯の研究にもどりたいと思っている。

第四章　わたしのシベリア抑留記から

バム鉄道

わたしは一九四五年八月二十日頃、満州東南部の都市敦化で終戦を迎え、そのままソ連に抑留された。ときに二十三歳であった。その年の十月下旬、牡丹江のそばの掖河から貨車でウスリースク経由シベリア鉄道に入り、十一月はじめ東部シベリアのタイシェト駅でおろされ、その冬を市郊外の収容所ですごした。翌一九四六年三月、仲間たち約二百人とともにタイシェト駅からトゥルン街道経由でブラーツクに送りこまれた。ブラーツクは今では、アンガラ川の水力を利用した世界最大級（四百五十万キロワット）の発電所や大製材所の出現によって日本でもよく知られている。

わたしたちは幌をかけたトラックに乗せられ、まだ雪と氷に閉ざされた街道をほとんどまる一日走りつづけ、夜おそくブラーツクに到着した。一六三一年ロシア人によって創建されたブラーツクの古い町は、今では湖底に沈んでいるが、当時はまだ残っていて、闇の中に電灯のついた小窓を点在させていた。収容所は古いブラーツクの町はずれの斜面にあり、雪明りの中でもそこからアンガラ川の氷面が白くながめられた。

ブラーツク地方の日本人俘虜部隊としては、それより一カ月ほど前に送りこまれた五十人の通信線建設班をのぞいて、わたしたちが最初であった。わたしたちは、「バム鉄道」の一部であるタイシェト・ブラーツク間（約三百十七キロ）の鉄道建設の労働力としてこの地に投入されたのであった。

「バム」というのはロシア語の「バイカル・アムール・マギストラリ」の略称で、一九三二年四月ソ連政府によって着工が決定された。シベリア鉄道のタイシェト駅からブラーツク経由でレナ川に達し、そこからバイカル湖の北部を通って日本海岸のソベツカヤ・ガワニ港に至るという壮大な構想であった。実際の工事は一九三八年に開始、レールはタイシェト駅からネベリスカヤ駅まで五十八キロ敷設され、鉄道路盤はタイシェト駅から七十五キロまで完成したところで第二次世界大戦が勃発し、工事は中断された。

戦後の最初の五カ年計画に、タイシェトからレナ河岸のウスチ・クートまでの鉄道建設が組み入れられたが、これはシベリア鉄道とアンガラ川、さらには北方の大動脈レナ川とを結ぶことを意味している。計画による突貫工事が開始され、わたしたちはまず、つぎつぎに投入される予定の労働力のための宿舎、つづいて鉄道敷設の予備工事としての自動車道路の建設に動員されたのである。

わたしたちの管理にあたるソ連側要員の多くは、独ソ戦中ドイツ軍の俘虜となり、戦後解放されたソ連軍の将校たちであった。一九四七年のピーク時、この地域で強制労働に従事した日本人俘虜は約五万に達したといわれる。またわたしたちと前後して、多くのソ連囚人もこの地方に送りこまれた。

この地域の建設史において果たした日本人俘虜とソ連囚人の役割は決して無視できないものとわたしは思う。しかし一九六八年、この地方の開発史がかなりくわしく記述されている『ブラーツク』と題する小著が現地で刊行され、その後も大量の関連書物が出版されているが、日本人俘虜のこともソ連囚人のことも一言もふれられていないことを指摘しておこう。

バム鉄道は一九七四年以後、ウスチ・クートからアムール川下流部のコムソモリスクまで三千百五十キロの路線が建設中である。完成予定は一九八二年となっている。

毒草を食べた上等兵

第二十八俘虜収容所（または二十八分所）に着いてから二週間ほどたった頃のある午後、作業係の将校ルパンジンが収容所の門のところで、午後の作業のための整列がおそいと言ってどなっていた。

「一度集まるのに三十分もかかる。これはいったいどういうことだ。これがあの関東軍か」

やっと整列が終わり、五列縦隊で門を出、近くの伐採地に着いてまもなく、わたしの作業班の野原幸吉という上等兵が突然まっ青になって倒れた。口からはさかんに白い泡をぶつぶつふき出していた。

「癲癇《てんかん》だ、癲癇だ」と誰かが叫んだ。野原はきりきりと歯を嚙み、ときどき苦しそうにうめき声をあげていた。

監視にあたっていたソ連の歩哨があわてて走り寄ってきた。ひとりの歩哨は、軍医に急報して担架を持ってくるために、わたしともうひとりの仲間を連れて収容所にいそいだ。

野原は、収容所に運ばれてから後も、意識不明の状態がつづいた。ソ連側と日本側の軍医が立ち合って診察したけれども、病気の種類は判明しなかった。ふたりの医者は当惑したままいろいろな注射をし、歯を傷めないように口中にガーゼを押しこんだ。野原が癲癇もちかどうかも調べられた。野原の満洲以来の戦友はひとりもいなかったけれども、少なくともここ二カ月くらいのところ、癲癇の発作を目撃したものはなかった。

ふたりの医者は、病状からおして、なにかの中毒かも知れないと推測し、野原の所持品の検査をさせた。その結果、これと言って格別のものはなにひとつ見あたらなかったが、ポケットから親指大の、うどのような白い草の芽が数本出てきたのである。これは雪解け水の流れた後、ビハレワ川（アンガラ川の支流）の岸辺の斜面に最初に姿を現す草であった。軍医たちはこの白い芽に注目した。とくにソ連の軍医は、これがブラーツク地方で古くから知られている毒草ではあるまいかと考えた。体力の弱い者はこの毒で死ぬことさえあると言いつたえられていた。

野原の発作はまる一昼夜つづいた。発作のたびに、なによりも心臓が衰えていった。軍医は何度もカンフルを注射した。日本側の小野軍医少尉は野原につきっきりであった。職掌がらとは言え、彼の献身的な態度にわたしたちは胸をうたれた。徹夜で看病し、口のまわりの泡を拭きとったり、解毒の注射をしたりするだけでなく尿の始末までしていた。

一般的に言って、収容所という独得の環境では、ソ連側の幹部の能力や誠意はもちろんであるが、日本人側の幹部の態度、人がらなどによっても俘虜全体の生活条件がかなり変わってくるものである。大隊長、軍医、炊事長、通訳などの人たちが真に献身的に働くかどうかによって、俘虜が可能な範囲で住みよくなるかどうか決まるのである。これはドイツ軍に俘虜になったことのあるロシア人からきいた話であるが、戦時中のある俘虜収容所でドイツ人と結託して一般の俘虜を苦しめたソ連側の隊長、軍医、炊事長、通訳たちは、ソ連軍によって解放されたとき、同じ俘虜の手で殺されたという。小野軍医は日ごろから人望があったが、この事件以後は日本側からもソ連側からも尊敬をうけるようになった。

野原は一昼夜の後、全く人が変わったようにやつれ果てた。十歳以上老けたように見えた。眼のふちにはくまができ、顔は土色となり、話すことさえもおっくうなように見えた。わたしは野原に言った。

「野原君、元気を出せよ。昨夜はかなりひどかったが、もう大丈夫だよ」

「さっき軍医殿からも聞かれたけれど、わたしは昨夜のことはなにもおぼえていないんだ。なんだか、長い夢を見たような気がするよ。それに体がだるくって。手足をばらばらにもいでしまいたいほどだよ」

尻の肉で健康診断

あくる日の朝、野原は衰弱がはげしいので、馬車でブラーツクの病院に送られることになった。その後の野原幸吉の消息は正確には不明である。わたしも何度か、いろんな人にきいてみたが、はっきりした情報はついに得られなかった。ただ、どのような筋からだったかおぼえていないが、野原はブラーツクの病院で死んだという噂を小耳にはさんだことがあったように思う。

その後、野原と同じ毒草にやられた人が七、八人いたが、野原ほどの重症にならずにすんだ。この毒草は、馬や羊などの動物は決して食わないという話である。誰だったか、鬼芹《おにぜり》の一種ではなかろうかと言っていたが、動物はこの草が他の草にまじっていても、はねのけてしまうそうである。人間にはこの能力が欠けているというわけである。その代わりかどうか、人間はこれらの動物にはない「知恵」という別の恐ろしい能力をそなえているのだ。

わたしは帰国してからシベリアのことを調べるようになって、この毒草について興味深い記述のあることを知った。アンガラ川はブラーツクの下流において、ポフメリヌイ、ピヤンヌイ、パドゥンなどいくつかの早瀬をつくり、その一つであるパドゥン早瀬の地点に現在のブラーツク水力発電所の大堰堤《だいえんてい》が築かれている。古い記述によれば、このうちピヤンヌイ（酔っぱらいの意）早瀬というのは、付近の山中に、それを食えば酔ったようになる草のあることにちなむというのである。今から約三百年前の一六七五年、ロシアの使節として清国におもむいたニコライ・スパファリーの旅行記にはつぎのように書かれている。

「ピヤンヌイ早瀬の名は、付近の山中に人を酔わせる毒草があるからである。人がこの草を一ゾロトニクまたは一・五ゾロトニク食べれば、一昼夜の間酔っぱらいのように、あるいはそれ以上騒ぐのである」一ゾロトニクは四・二グラムであるから、この草がいかに猛毒であるかが知られる。

野原幸吉がブラーツクへ送られた後、わたしたちの生活は再びもとの単調さをとりもどした。日射しはいよいよ強さをまして、川向うの草地は一面のお花畑となった。タイガの中を歩くと風通しのよい斜面で芍薬《しやくやく》のような大輪の花が、たった一本だけひっそりと咲いているのに出会うこともあった。そういう花を見ると、わたしは、花は人間に見られるために咲いているのではないことを、あらためて痛感するのであった。

その頃、わたしたちが二十八分所へ移動してはじめての体格検査が行われた。俘虜はこの体格検査によって一級から四級までに分類され、一級と二級はふつうの労働につき、三級は軽作業、四級は収容所内での清掃や炊事、デゾカメラ（熱気消毒室）の火焚きなどにあたることになっていた。

体格検査の責任者はソ連側の軍医であり、二十八分所の場合ノビコフという大尉であった。検査の要領は、まず俘虜番号順に上半身裸になって軍医の前に立ち、以前の検査で言い渡された「級」を自分で言う。(もちろん、そばに帳簿を見る人が坐っている)すると軍医は、正面から胸のあたりの肉づきとつやを点検し、それから後向きにさせ、パンツを下におろさせてお尻の肉づきを見る。このときは必ずお尻の肉を手で引っ張るのであるが、体力のある者の肉には弾力とつやがあり、衰弱している者の臀部《でんぶ》はたるんでいて、空気の抜けた風船のようにだらっとたれている。ひどい者は肛門まで露出している。軍医は聴診器一つなしでも、このお尻の肉の具合によって等級を定めることができた。これはきわめて明白な指標であって、ちょっと慣れれば、素人でもほとんど等級の区別を誤ることはないと思われるほどである。

体格検査は原則として月に一度ずつ行われた。検査のたびに等級の変わる人と、二級なら二級、四級なら四級とほとんど固定している人とがいた。この春の検査では等級にかなりの変動があった。

このときの検査の結果、収容所の水運搬の勤務に丹野吾一という四十年配の兵隊がついた。わたしは、この兵隊の過去について全く知らなかったが、たった一度だけ彼の水運搬を助けたことがあった。もの静かな小がらな人で、わずかに無精ひげを生やしているのが印象的であった。軍隊に入る前にはなにか絵をかく仕事に関係していたことをきいた記憶がある。

この水運搬の作業というのは、収容所の下を流れるビハレワ川から、水桶を積んだ馬車で収容所とソ連側の官舎に水を運ぶのである。歌が好きで剽軽《ひょうきん》なところのある作業係のルパンジンは、ロシア民謡の一つに水汲み《ワダヴオズ》の歌のあることを教えてくれた。

「おれはいったい、どうして水汲みなんだ、水なしじゃ、にっちもさっちもいかないからさ」

もうシベリアから帰れない

丹野が水運搬の仕事についてから数日後、わたしは便所の中で、細い丸太を積み上げた壁ごしに、外で三人の兵隊がひそひそと話しているのをきいた。なかのひとりはたしかに水汲みの丹野であった。わたしはこのとき、きくべからざることをきいてしまった。この思いはその後長い間わたしにつきまとったものである。

そもそもこの便所というのがたいへんな代物で、深く掘った長大な四角な穴のまわりを丸太でかこい、穴には長い松丸太を二本ずつ数列に長くわたしたものであった。数人の者が一列になって、前にしゃがむ者の背中を見ながら排泄することができた。尾籠《びろう》な話であるが、前の人の便の質まで見分けることができた。便所は後にはいくらかましになったが、当初はそんな状態であった。しかし、まわりが広々と乾燥しているせいか、それほどきたないとも思わなかった。

便所が一ぱいになると、これを埋めて、別の場所に穴を掘って丸太をわたした。冬は氷結するので、鉄の棒や十字鍬《じゅうじしゅう》でこれを掘りくずし、収容所の外に運び出した。作業中はなにもにおわないが、氷（糞）のかけらが着物などに飛び散るので、いったん部屋に入ると、これが解けてきて臭気を発するのであった。

冬の大便では、下から冷たい風が吹きあげるので誰もが一刻も早く終えようと努力した。もちろん紙などはなかった。だいたい食物が量的、質的に限られているため、余分なものを食べない限り腹をこわすこともなく、あまりふく必要もなかった。しかしわたし自身は、歩哨の許可を得るという面倒はあったが、作業に出て用便することを好んだ。そこには草もあれば木の葉もある。ただし、夏の森の中はだめだ。蚊の大群の襲撃をうけるからである。

話は少し横道にそれたが、そのときのひそひそ話はつぎのような内容であった。丹野はもっぱら聞き役にまわっていた。あとの二人が誰だか、そのときはわからなかった。

ひとりが言った。

「おれたちはもう、シベリアから絶対に帰れないと思うんだ。おれたちはここで死ぬまで働かされるよ。おれは満州でシナ人の労務者を扱ったことがあるが、その経験からおしても、まず帰されることはないと思うよ。国境の陣地をつくったあとは、秘密の洩れるのを恐れて、その労務者たちは殺されたもんなあ。この冬、春になって雪が解けたら帰れるという噂が流れていたが、おれたちのうち誰か帰った者がいるかい。ばかばかしい。おれははじめから、帰すという話がでたらめなことはよく知っていたよ」

丹野ともうひとりの男はだまっていた。リーダーらしい男はつづけた。

「おれは、逃げるしかないと思うんだな、いっしょに行かないか。おれは満語にかけては自信があるから、とにかく南へ下がって満州へ出よう。アムール川まで出れば、もうこっちのものだ。満人の船に乗せてもらえば大丈夫だ」

ここで丹野らしい声が言った。

「それで食糧の方はどうするんだい。満州まで辿り着くまでに飢死にするんじゃないか」

「いろいろ考えているんだ。釣針を作ったから、川や沼地に出たらこれで魚をとろう。シベリアの魚は日本の魚のようにすれていないから、いくらでもかかるよ。だからできるだけ川すじをはなれないように行動したらいいと思うんだ。それに百合の根や松の実、野びる、うど、山ごぼうなどいくらでもある。水のないところへ出れば、ほら、白樺の樹液で間に合わせることができるじゃないか。それから火のことだけれど、おれはさしあたりマッチを一箱もっているし、これがなくなれば火打石で火を起こすこともできる」

リーダー格の男は明らかに説得にかかっていた。しかし丹野はきっぱりした調子で言った。

「いや、おれには自信がないなあ。やっぱりやめた方がいいと思うよ。みんなといっしょに行動する方が安心だよ」

ここまで話したところで、誰か便所に近づいてきた人がいたらしく、彼らは立ち去った。わたしはリーダー格の男の言葉に不安を感じたが、丹野がはっきり反対の意志を表明したので救われたような気持だった。それに当時、逃亡を考えることはそんなに珍しいことではなかった。ただし逃亡して成功した例をきいたことはなかった。逃亡してつかまったり、射殺されたりした例はそれまでいくつもあったのである。

タイガ——沈黙の樹林

シベリアの大部分はタイガとよばれる樹林におおわれている。これは日本で密林とか疎林、樹海などさまざまに訳されているが、実際にはこのいずれもが正しいと言えるし、またいずれも正確であるとは言いがたい。タイガはタイガという言葉でしか言いあらわすことができない。タイガは松、落葉松《からまつ》、樅、白樺などの樹種からなりたっているが、これが場所によっては昼なお暗い沈黙の樹林であったり、まばらな落葉松の林であったり、あるいは幾重も倒木の折り重なった樅や柳のまじり合う低湿地であったりする。

まだ雪溶けの氾濫のはじまらない四月の中頃、わたしたちがブラーツクの収容所から二十八分所へ移動したときのことである。収容所の入口で、その後、収容所を変るたびに何回となく繰り返された所持品の検査が行われた。

わたしたちは前後左右の間隔をおいて五列の縦隊でならび、それぞれの所持品を、各人に一枚ずつあたえられている毛皮の上にならべた。俘虜係の将校が順番に検査するのであるが、刃物類、薬品類、磁石や地図（これは逃亡の用意とみられた）はとくにきびしくチェックされた。毛布の上にならべられた品物は、背嚢《はいのう》、雑嚢《ざつのう》、外套《がいとう》、手袋、帽子、予備の下着、腹巻などであったが、いずれもひどくすすけていた。各人の被服類は、被服担当のソ連将校のリストに正確に登録されていた。

登録された品目以外のものを所持しておれば原則として取り上げられた。また、登録された員数に足りない場合にはきびしく追及された。

わたしたちの誰もが所持している品物で、登録されておらず、しかも取り上げられないものと言えば、それは空罐と袋類、木製スプーンなどであった。空罐というのは、罐詰の空罐の切り口を怪我をしないようによくたたいたもので、少ない者で三個、多い者で十個ぐらい所持していた。砂糖を入れるためのもの、タバコ用のもの、塩の罐、パンを入れる袋、写真を入れる袋などである。これはみなわたしたちの手製であった。

検査にはかなり時間がかかった。そして検査が終わる頃には、誰がなにを取り上げられたのか、いつの間にか品物の山ができあがった。たいていはがらくたであるが、なかには満州から後生大事に運んできて、これまでの度重なる検査で没収の難をまぬがれたナイフとか、時計の銀鎖なども含まれていた。

雑草入り高粱のお粥

翌朝から作業がはじまった。朝七時に歩哨が収容所の門の脇に吊り下げられたレールの断片をたたいて集合を知らせると、わたしたちは計画にしたがって仕事の割り振りをうけた。わたしたちの総数はこのとき三百五十人であったが、作業はおよそ三つのグループに分けられた。一つは収容所内で木造の宿舎建築にあたる組であり、もう一つは収容所関係のソ連将校の官舎を増築する組であり、残りは収容所から二キロほど隔たったバム鉄道の予定線付近に、タイガを切り開いて新収容所を建設する仕事であった。この収容所にはソ連の囚人を迎えることになっていた。

ビハレワ川に雪解け水が氾濫し、やがてそれがあとかたもなく流れ去り、対岸の草原は緑におおわれはじめた。はじめ茶色であった白樺の芽もしだいに緑色をとりもどし、落葉松の枝にも茶色の米粒のような芽が萌え出しはじめた。白樺が水を吸い上げる力は驚くほどであった。仮にその枝を一本折ったとしよう。その折口から水滴がたれて、ものの一時間もすれば飯盒《はんごう》に三分の一ほどもたまるのである。

野に野草が芽を出す頃には、わたしたちの食事もいくらか色あいをそえた。仕事場のまわりでうどの芽、百合の芽や根などはもちろん、名も知らぬ草の芽まで摘んできて、夜ストーブにかけたり、焚火で煮たりして食べた。なかには塩をつけて生で食べる者もいた。夕食はたいてい塩漬けの魚といっしょに煮こんだ高粱のお粥であった。この粥が配られると、多くの者はそのままあっさり食べてしまうが、ある者は半分くらいを味わいながら口に入れた後、これに水を足し、大切に袋にしまいこんである塩を加え、量をふやして腹に入れた。しかしそれを繰り返すと、どうも体にむくみのくることが多いようだった。粥の中に、昼間作業場から持ち帰った雑草や野びるを入れることもあった。

パンが配られたときには、こんな光景もあった。

「おい、お前のパンをちょっと貸せ、はかってみるから」と言って、小さな棒の真ん中を糸でしばり、その両端に自分のパンと仲間のパンをつるして天秤のようにしてはかった。当時はまだ各人のパンを定量通りにはかるための秤《はかり》がなく、炊事当番の目分量で切っていたから、たしかに多少の軽量があった。

「畜生、お前の方が重いや。炊事のやつらはなにをしてやがるんだろう」

また、高粱のお粥が配られると、こんな愚痴のきこえることもあった。

「ああ、またバイカルか。しかしお前の分はずい分濃いじゃないか。見ろよ、おれのは全くのバイカルだよ」

バイカルというのは、バイカル湖のように水が多いという意味である。

それならば、ソ連の人々の食糧事情はどうであったか。当時はきびしい食糧配給制がしかれており、彼らが日本人俘虜の配給量をきき知ったときは、誰もが「わるくないじゃないか、われわれよりずっといいじゃないか」と驚くのがつねであった。もちろん彼らは、わたしたちとはちがって自由の身であり、「やみ」物資などを手に入れたり、夏や秋には木の実、草根、きのこ、野菜、ミルクなどで補うこともできたから、わたしたちと同列には語れない。しかし、額面どおりにとれば、パンや肉の配給量はわたしたちより少なかったと思う。ソ連側の歩哨たちも、食べたいものが自由に食べられるという状態ではなかった。

小隊長は草原の民

伐採作業でのなによりの慰めは、木の倒れる瞬間であった。倒したいと思う方向の、根元から十センチほどのところに、鋸《のこぎり》で深さ七、八センチの切れ目を入れ、そこに斜めに鉈《なた》(タポル)を打ちこんで削りとり、つぎにその反対側から、さきに入れた切れ目よりわずかに高いところをふたり用の鋸で一気にひきこむのである。鋸が幹の直径の一定の限界を越えると、幾十年、幾百年の間寒さに耐えて育ってきた松の大木が、はじめは倒されることを嫌うようにきしみ出し、梢のあたりをかすかに痙攣させるが、つづいてスローモーションの映画のようにゆっくりと傾きはじめ、やがて急激に、一大轟音とともに地面にたたきつけられる。これと同時に、それまで亭々とそびえていた大木の根元には、細かい年輪のある白い切り口があざやかに露出してくる。木の倒れる瞬間はなかなか壮観であるが、同時に一抹の痛ましさをぬぐい去ることができない。大樹には霊が宿っているような気がしてならないのだ。木が倒れるときの折れた枝があたって、頭骨を折った仲間もあった。これなど、木が闇くもに人間を道づれにしたのかも知れない、と思ったりした。

ソ連の作業係は、伐採のときの切り口が高いことをいつも注意していた。切り口が地面から高ければ高いほど、その分だけ木材が無駄になるというのである。ところがわたしたちの方は高くなりがちであった。根元になるほど直径が大きいし、それに鋸をひくときに力を入れにくく、そのために疲れるからである。伐採したあとの切株は、虫除けのために樹皮をむき、幹からはらわれた小枝といっしょに集めて燃やし、枝の太い部分は薪として、適当な長さに切って積み上げた。また、幹は五メートルほどの長さに切って、梃子《てこ》で転がして一カ所に集積した。

作業中は十人ばかりの歩哨が四方に散って監視していた。歩哨たちはいつも「遠くにはなれてはいけない」という言葉を繰り返していた。

そもそも第二十八分所の歩哨は総数四十名ほどで、三重の鉄条網にかこまれた収容所の四隅にある望楼の当直（これには照準器をとりつけた狙撃銃がある）、収容所の門のそばにある詰所の当直、各種の作業所の歩哨などであった。このうち望楼と衛門の警備は昼夜を分かたず、交代で行われた。小隊長はあばたのある精悍《せいかん》なブリヤート・モンゴル人の少尉であった。年のころは二十七、八、切れ長の鋭い眼をしていた。彼はわたしたち俘虜にたいしてきびしいので、わたしたちは彼のことを「モンゴリ」とあだなをつけていた。

ブリヤート・モンゴル人と言えば、十七世紀にロシア人がこの地に進出するまでは、この地方の原住民であり、生まれながらのタイガと草原の民であった。彼らはこの地方の自然をよく知っていた。それかあらぬか、小隊のロシア人の兵隊たちもこの小隊長の命令によく服していた。

すべては時とともに来る

さて、タイガの蚊とアブがまだ猛威をふるう少し前、つまり五月末のある晴れた日(この時期はふつう晴天がつづく)、わたしたちは収容所から二キロほどはなれた地点にある伐採場へ作業におもむいた。発情期の山鳥が高い松の梢をとびかい、白樺や落葉松のあざやかな緑が眼に心地よかった。

その日の歩哨長はトカレフというロシア人の軍曹であった。彼は赤ら顔の二十代半ばであったが、聡明そうな青い眼がとくに印象的であった。トカレフは歩哨の中では珍しい読書家で、日本人だけでなく、彼の同僚の間でも人気があった。ロシア文学といえば、岩波文庫その他日本訳のある有名なものしか知らなかったわたしが、セルゲイ・エセーニン(一八九五―一九二五)という詩人の存在を教えられたのも彼によってであった。彼はエセーニンの詩句をいくつか暗記していて、韻をふんで口ずさんで見せた。例えばダスビダーニャ(さようなら)という言葉ではじまるエセーニンの詩もそのひとつであった。わたしもよく知っているやさしい単語で書かれているだけに、なんとなく特別の親しみが感ぜられた。

До свиданья, друг мой, до свиданья.
Милый мой, ты у меня в груди
Предназначенное расставанье
Обещает встречу впереди.

До свиданья, друг мой, без руки, без слова,
Не грусти и не печаль бровей,—
В этой жизни умирать не ново,
Но и жить, конечно, не новей.

1925

さようなら、わたしの友よ、さようなら。
いとしい人よ、お前はわたしの胸の中にある。
予め定められた別れは
またの逢瀬を約束する。

さようなら、わたしの友よ、握手も言葉もなしに、
悲しまないでおくれ、眉をくもらせないでおくれ、
この世で死ぬことは、別に新しいことではない、
しかし生きることだって、もちろん、それほど新しいことではない。

エセーニンの詩は国民の士気を沮喪《そそう》させるという理由で戦中戦後にかけて出版されていなかったが、ソ連の人びとの中には彼の詩の数篇を暗記しているものが少なくなかった。それに当時のわたしは、エセーニンの辞世の詩といわれるこの詩から、絶望感というよりはむしろ生への希望を感じとっていた。悲哀のなかに慰めがひそんでいるせいか、それともあらゆるものに明るさしか見ることのできないわたし自身の若さのせいであったろうか。

トカレフはまた、片言の日本語をおぼえていて、ときどき面白いことを言ってわたしたちを笑わせることがあった。

トカレフは、若いに似合わず（あるいは若いからかも知れない）わたしたち俘虜にたいして深い同情と理解をもっていた。わたしたちは、その日の歩哨の態度によって大きな影響をうけ、作業の能率までがちがった。トカレフのときには自分たちも気づかないうちに仕事がよくすすんだ。そして歩哨の態度は当日の歩哨長の人がらいかんによることが多かった。トカレフが歩哨長になった日には、わたしたちの間でも気のせいか笑顔が多く見られたものである。

トカレフはある日、ようやくロシア語の会話をいちおうききとれるようになったわたしに、こんな話をした。

「君たちが戦争によって得たものはなにか。そして勝ったというわたしたちがこれによって得たものはいったいなんだろうか。わたしはドイツ軍のために家を焼かれ、両親の消息も兄弟の安否さえもわからないままだ。君たちは君たちで、ひと握りの資本家や権力者の命令で戦争にかり出され、その結果このシベリアにまできているのではないのか。要するに、戦争に勝っても負けても、われわれ一般大衆はなんら得るものはなく、ただ失うものの方が多いのだ。

ロシア人は戦争はきらいだ。そして怒ることも嫌いだし、いくらか鈍感とさえ言えるかも知れない。そして『ルスキー・イワン』（ロシア人のイワンの意）はなによりも我慢強いことが特徴だ。しかしイワンは一度我慢し、二度辛抱し、三度あきらめるかも知れない。しかし四度目には爆発する。そして一度爆発すれば、とことんまでつっ走るのだ。

わたしももう除隊になりたい。自分の義務は果たした。しかし満期をもう二年も過ぎたのに、まだ除隊させてもらえない。君たちも家に帰りたいだろう。君たちも近いうちにきっと帰れるよ。あわててはいけない。体を大切にして、シベリアで少々働くんだな。すべては時とともに到来するものだ」

わたしはトカレフの話のなかで最後の言葉がとくに印象に残った。これはロシア語で「フシェ　スヴレメニェム　パストゥパイエト」というのだが、なかなか味のある表現だと思った。

「三人足りない！」

その日の昼頃、わたしたちは昼食の運搬されてくるのを今か今かと待ちわびていた。作業場が収容所から少々はなれているため、昼食は水汲みの馬車で作業場まで運ばれた。わたしたちは食事前になると空腹のために、足をふんばることができなかった。誰もがほとんど一分刻みに、収容所から作業場に通じる道路の方をふりかえっていた。

わたしはトカレフに近づいて話しかけた。

「タワリシチ　セレジャント、今何時ですか」

タワリシチとは言うまでもなく「同志」の意であるが、当時わたしたちはそんな意味などおかまいなしに、「なになにさん」という程度の意味で使っていた。

「ゴジュー　フン、ジューイチジ」トカレフは手のひらほどもあるキーロフ工場製の懐中時計を出して見ながら答えた。そして笑いながら言った。

「メシ、メシ、ダ？」メシは日本語であり、ダはこの場合、〝そうだろ〟という程度のロシア語である。わたしは苦笑しながら答えた。

「ダ、ダー」

それからまもなく待望の昼食が配られ、トカレフ軍曹の特別のはからいで、あまり遠くに散らばらない程度で、三人、五人、思い思いのグループで、引き倒されたり、切り倒されたりしている木の陰で昼食をとることを許された。これが小隊長だったら、全員一カ所で食べさせられることがふつうであった。食事の後は、たいていのものは横になったり、マホルカとよばれるタバコを自分で紙に巻いて吸ったりした。短いけれども、楽しいひとときであった。わたしたちは、いつもこの時間が一刻でも長くなることを祈る気持であった。

昼休みの後、わたしたちは五列に並べられ人数の点検をうけた。食事のあと、近くの木陰に用便に出かけるものが少なくないので、歩哨としては自分たちのあずかってきている人数をたしかめる必要があった。この人数点検は作業のはじめと終わりには必ず行われる行事であった。

トカレフは五人ずつ数えてみた。朝、収容所の門を出るときたしかに総数六十人であったのに、どういうわけか三人足りなかった。歩哨長として受領のサインまでしてきた俘虜の人数が不足することは、重大な責任問題であった。トカレフは部下の兵隊といっしょに、もう一度、二度ゆっくりと数えなおしてみた。しかし結果は同じであった。日本側の中隊長の吉田少尉はみんなに聞いた。

「隣の者で、午後いなくなったものはないか、よく見てくれ」

誰がいないかはすぐにわかった。波川八郎という伍長と宮野大三郎という上等兵と丹野吾一上等兵の三人であった。丹野はその日苔《こけ》取りの作業にきていた。建築のとき、丸太と丸太との間に防寒用の苔をつめることになっていたのである。わたしは一瞬どきっとした。いつか便所の中で聞いてしまった話が思い出された。しかしわたしはつぎの瞬間、自分の想像を否定した。

——いや、鉈《タポル》の柄のため適当な白樺をさがしまわっているうちに、谷にすべり落ちたか、道に迷ったのかな。

トカレフはきびしい顔になって、部下の歩哨に付近を捜索させる一方、ひとりを収容所のそばの歩哨宿舎に走らせて小隊長に事態を報告させた。わたしたちはみんなで声をあわせて三人の名前を呼んだ。

「ナミカワー、ミヤノー、タンノー」

四方に向かって、あらん限りの声をふりしぼって叫んだ。かえってくるのはタイガのこだまだけであった。中隊長の吉田少尉はそれでもあきらめ切れず、トカレフ軍曹に手分けして付近をさがしたいと申しこんだ。しかしトカレフは首を横にふった。

「捜索はわれわれの仕事だ。君たちは指示があるまでそこに立っておれ」

「天然の牢獄」への逃亡

三人はたしかに「逃亡」したと思われた。三丁の鉈《タポル》もなくなっていた。用便に行ったのであれば、鉈まで持ち去ることはないからである。それに、すでにかなりの時間がたっていた。わたしは、最初の予感通りになってしまったことが悲しかった。この「天然の牢獄」と言うべきタイガの中で、はたして逃げおおせるだろうか。そんなことはできっこない。餓死して、熊か狼のえじきになるのがおちではないか。

わたしのまわりでもこんな会話がきこえた。

「そう言えば、以前からこの三人には様子のおかしいところがあったよ。夕食後、人目をはばかりながら、なにかこそこそと相談しているところを何度も見かけたことがあるよ」

「いや、今日だって、なにを入れていたのか知らんが、ひどくふくらんだ雑嚢《ざつのう》をもっていたぜ……」

「ああ、あのおとなしい丹野がどうしてまた、こんな思い切ったことをしたんだろう。見つかって殺されなければいいがなあ」

まもなく、小隊長自ら数人の歩哨をつれてやってきた。彼らはすでに袋状のリュックを背負い、わたしたちが「マンドリン」と称していた自動小銃を肩から下げていた。ふつうピストルしか帯びていない小隊長も「マンドリン」で武装していた。彼らはもはやタイガの中へ捜索に出かける用意をととのえていた。

小隊長はするどい目つきでトカレフを詰問し、規律を厳正にするよう命令した。そして五人の手兵をともなってタイガの中に消えていった。

わたしはそのとき、誰だったか小さい声でこんなことを言ったのをききのがさなかった。

「首謀者は波川伍長だと思うよ。波川はいつか、逃亡したって、ひと月くらいの食糧はなんとでもなると言っていたから……」

午後の仕事は、きびしい監視のもとで行われた。トカレフはかわいそうなほど落胆して、無口になっていた。彼の除隊はまた延期されるのではないだろうか。

その日は収容所に帰ってからも、誰もが異常な心理状態におちていた。ソ連側の人びとも忙しそうに右往左往し、みんな機嫌が悪かった。

夜はよく晴れあがり、タイガには人を酔わせるような樹液の匂いがたちこめていた。わたしたちはみんないったいいつ故郷に帰れるのだろうか、これから先どうなるだろうかという不安と危惧を抱きながら眠った。わたしは昼間の疲れにもかかわらずその夜は熟睡することができず、めずらしく夜中に尿意をもよおして外に出た（若いわたしは、夜間小便に行くことはほとんどなかった）。冬ほどではなかったが、北国の空には星が今にも降ってきそうなほど豪華にきらめいていた。それは地上のさまざまな憂苦とはなんのかかわりもない、永遠の光をなげていた。

「日本人は同胞の肉を……」

あくる日の昼頃、収容所長のアントノフ大尉が血相をかえて大股で収容所に入ってきて、きびしい命令調で言った。

「ただちに馬車の用意をし、体が丈夫で〝逃亡しないような〟兵隊を三人選んで出せ」

わたしはその日の午後、三日間に一回ずつ行われる食糧受領の臨時通訳として収容所にとどまっていたので、日本側の大隊長吉村中尉と収容所長とのやりとりをつぶさに見ることができた。吉村中尉は言った。

「馬車の用意はすぐできます。ところでどこへ行くのですか」

「昨日逃げた三人の兵隊を運びに行くのだ」

とアントノフ大尉は眼をきらっと光らせて言った。

「つかまったんですか。怪我でもしたのでしょうか」と大隊長はきいた。

そのときアントノフ大尉はいきなり、にがにがしそうにどぎつい言葉を吐いた。

「日本人《ヤポンスキー》は同胞の肉を食べるのか」

大隊長は驚いて言い返した。

「冗談もいい加減にして下さい。そんなことは考えることもできませんよ。それよりも三人は生きているのでしょうか」

アントノフ大尉は冷たく命令した。

「もうたくさんだ。一時間後には本人たちがここに現れるよ。五分後には馬車と兵隊は〝ここにあるべきだ〟」

わたしはこの会話を聞いて、三人は重傷を負っているだろうと思った。逃亡者が歩哨に射撃されて負傷した例はこれまでにも何度か見たからである。しかしアントノフ大尉の言葉、「日本人は同胞の肉を食べるのか」という言葉が胸に突き刺さっていた。その意味はいくら考えても理解することができなかった。

わたしはまた、満州以来のさまざまの出来事を思い起こしていた。満州の広野のくずれた塹《ざん》壕《ごう》や夏草のかげに、両手をひろげ口を開いたまま腐爛していた幾多の死骸、シベリアでのつらい最初の冬、栄養失調や発疹チフスで死んでいった人々、鉄条網を下から這《は》って脱走を試み、歩哨に射たれて白雪を鮮血に染めて重傷を負った兵隊、「お母さん」という一言を最後に息をひきとった栄養失調の人のことなど、こし方のさまざまな出来事であった。

わたしはさらに、いつ終わるとも知れない泥沼のような俘虜生活のことに思いをはせた。わたしたちがこんな目にあっているのは、いったい誰の罪であろうか。少なくとも、このような結果を招くうえで、わたしたち自身になんらかの選択の余地があったであろうか。歴史の仕業だろうか。神が存在するならば、神はこうした苦しみをすべて放任しておくのであろうか。それはあまりにも無慈悲ではないか。わたしたちの人生はこれだけのものであろうか。わたしたちの親たちは、わたしたちをこんな目にあわせるために育てたのだろうか。国家とは、戦争とはいったいなにか。わたしたちを戦争にかり出した日本国は、わたしたちのことをどう考えているのだろうか。

二時間あまりしてから、馬車が収容所の門の前に到着した。

大隊長とわたしは所長によばれて馬車のそばまで行った。馬車の上にあるのは明らかに死骸と思われた。日本軍の携行天幕が何枚かかけられてあったので、死骸の状況はわからなかったが、外から見ても、生きものとは考えられなかった。天幕の上から、落ちないように縄のかけられていることがその証拠であった。

——やっぱり殺されたのか。わたしは暗澹《あんたん》とした気持になって、全身から力が抜ける思いであった。

そのとき収容所長は言った。

「この三人の死骸を収容所の庭にある二本松の根もとに並べておけ。みんなによく見えるように開いておくのだ。わしの命令なしに絶対に動かしてはならない。わかったか」

三人の兵隊は馬車を松の木の下までひいていって、その根もとに携行天幕を敷いて死骸を並べた。

ああ、なんという痛ましい遺体だろう。ひとりの遺体は左半身が頭から脚まで焼けており、もうひとりは頭部だけが焼けていた。この二つの遺体はいずれも衣服をつけたままであった。残ったひとりの遺体にはどこにも焼け痕は見られなかったが、後頭部に鉈のような凶器によると思われる深い傷痕があった。また臀部から太腿にかけて皮膚がきれいにめくりあげられ、肉はそぎとられていた。その肉と思われるものが一枚の携行天幕にビフテキくらいの厚さに切って並べられ、一部は飯盒の中に入れられてあった。それが鋭利な刃物によるかなり入念な作業の結果であることは明らかであった。その肉は馬肉と同じように赤黒い色を呈していた。肉をそぎとられたのは、明らかに丹野であった。

わたしはそれを見て、二時間前のアントノフ大尉の言葉を思い出した。わたしは、なにか底知れぬ奈落に引きこまれるような、この地上に人間として生きていることが恥ずかしいような、なんとも言いようのない気分におそわれた。夕方、仕事から帰ってきた仲間たちもみんなこれを見た。誰も一言も言わなかった。入れかわり立ちかわりじっと三人の遺体に眼をそそいで、沈黙のまま去っていった。三人の遺体はまる三日間そこにおかれてあったが、二日目になると、もはや誰ひとりそれを見ようとするものはなかった。

しかし、収容所長アントノフ大尉は、なぜ遺体を二本松の下に並べさせたのであろうか。おそらくは、彼にとってもひどくショッキングな出来事であって、彼がわたしに言った「日本人は同胞の肉を食べるのか」という言葉を、「実物」によってわたしたちみんなに示したかったのであろう。それしか考えようがない。

遺体はその後、馬車でブラーツクへ運ばれたが、おそらく検視をうけて、その地の墓地に葬られたものと思われる。ソ連側には検視の結果や殺されたときの状況を示す報告書も必ずや残っているにちがいない。

血の中に横たわる一人

遺体の到着した日の夕方、大隊長とわたしは収容所長の事務室によばれ、そこで歩哨の小隊長の簡単な報告を聞いた。それは大要つぎのようなものであった。

捜索隊は昨日の午後の捜索では明るいうちに三人の足跡を見つけることはできなかった。そこで暗くなる前にいったん宿舎にひき返し、翌朝四時頃から再び捜索に向かった。三人が逃亡した伐採地から二百メートルほどのところを鉄道の予定線が通っているがその東南方向は登り坂になっており、そこから約二キロほど行くと丘の頂上に出た。小隊長は七時頃その頂上に達し、そこにある高い松の木によじ登って四方を見まわした。

彼は周囲の地形を観察すると同時に、もしうまくいけば、視界のとどく範囲で煙の立ちのぼっているところを見つけたいと思った。五月末とは言っても、夜から朝にかけてはかなり冷えこむから、三人は必ず焚火をしているにちがいないとにらんだのである。事実、谷間にはまだところどころに雪が残っていた。

タイガの上には朝靄《もや》がたちこめていたが、東南になるほどそれが薄く、一部ではそれがとぎれていた。「モンゴリ」は東南の方向へじっと眼をこらした。靄の切れ目から細い煙のあがっているのがながめられた。三人の逃げる方向が東南であろうという判断は誤っていなかった。

彼らはこれをたしかめてから、その木の下で携行食を食べ、ひと息入れた。そこから行動を起こし、磁針にしたがって焚火の方向にいそいだ。斜面を少し下ったところでは去年の嵐による倒木にひどく悩まされた。熊の道らしい道はあったが、場所によっては、古い倒木と新しい倒木とが四方から折り重なって通り抜けることができないほどであった。

「正直なところ、彼らはこうした障害をのり越えて、思ったよりも遠くに移動していたね。今朝はきっと未明から行動を起こしたと思うよ」

いよいよ、焚火の煙が見えてきた。逃亡者はわりあい新しい倒木の根もとで火をかこんで坐っていた。捜索隊は小隊長以下六人であったが、彼らに気づかれぬようにしばらく遠くから息を殺して様子をうかがった。よく見ると、坐っているのは二人だけで、あとのひとりは横たわっていた。

小隊長は、変だなあ、と思って、さらに眼をこらして見た。するとどうだ、その横たわっている人間のまわりは一面血で赤黒く染まっているではないか。しかもそのそばの携帯天幕には肉の切れらしいものが並べてあった。

「わたしはそのとき、すべてを悟ったね、二人がひとりを殺してその肉を食っていたのだ。わたしは思わずおどり出たよ。すると、ひとりの男が眼を吊り上げて、そばにあった鉈をふり上げてわたしたちに襲いかかってきた。もうひとりもそれにつづいた。わたしはそれまで部下たちにも射撃のときには足をねらえと命じてあったのだが、あの光景に逆上したのだろうか、アフタマート（自動小銃）を思わず彼らの全身に向かって乱射した。部下たちもわたしにならった。二人は一瞬の後、自分たちの燃やした焚火の上に倒れた」

小隊長はそこで少し間をおいた。そしていくらか痛ましそうな面持になってぼそりと言った。

「なにもかも、あっという間の出来事だった。そうそう、ひとりの男はメスを持っていたよ。

いずれわたしはこれについて報告書を書かねばならない」
収容所長のもとを辞したときには、長い夏の一日もさすがに終わり、あたりは夕闇につつまれていた。

人間であることをやめたい

わたしは収容所に帰ってから、三人の逃亡兵の隣に寝ていた人たちに会って、彼らのことをきいてみた。波川伍長は満州の国境守備隊にいたことがあり、宮野上等兵はもと衛生兵で、メスをかくし持っていたのは彼であった。

彼らの逃亡計画はずさん極まりないものだ。何千キロもの樹林を通り抜けられると、本気で思ったのであろうか。フィリピンやグアムでは、小野田少尉や横井伍長のように、三十年も生き残れた人がいたが、シベリアの寒さでは、それは絶対に不可能だ。

それにしても、波川と宮野は、前日の昼食後に逃亡して、翌朝にはすでに丹野を殺してその肉に手をつけている。逃亡してからまる二十四時間もたっていない。これは明らかに計画的な「屠殺」としか考えようがない。遊牧民は、家畜をともなって移動し、その家畜を移動先の宿営地で屠殺して食べる。またわたしたちは、俘虜になってから満州の各地を移動させられたとき、ソ連側の命令によって牛を何頭か引きつれていた。一日の行軍が終わると、自分たちといっしょに歩いてきた牛をつぶしてみんなの食糧としたのである。丹野は、波川と宮野にとって、こうした牛であり、羊であったのだ。波川が逃亡前に「ひと月くらいの食糧はなんとでもなる」と言っていたのは、つまりこのことをさしていたのだ。

波川と宮野は、彼らが甘言をもって引きこんだ丹野をどのように殺したのだろうか。後からいきなり、鉈で後頭部を打ち割ったと思われる。それは丹野の後頭部の傷によってうかがわれる。その一瞬、丹野はなにかを考えることができたであろうか。幾千キロの海山のかなた、はるか日本の故郷にいる家族との再会を夢み、波川と宮野を信じてついてきた彼が、突然背後から、信じこんでいたその仲間によって頭を薪のように打ち割られようとは！　わたしは確信するのだが、生き残った波川と宮野も、早晩どちらかがどちらかの餌食になったにちがいない。

わたしには、人間が底知れぬものに思えてきた。人間はこんなことまですることができるのだろうか。人間の首の上には頭がついている。この頭はいったいなんのためにあるのだろうか。自分が生きのびるために、仲間を羊や牛として計画的におびき出し、それを「屠殺」することを考えたのは、この頭にちがいない。人間は「神と動物との間にある」という文句をきいたことがあるが、動物の中で人間ほど残酷なものがあるだろうか。「畜生にも劣る」という言葉がある。人間と動物を比べたのでは、動物の方がかわいそうだ。

そもそも人間にとって生命とはなんであろうか。人間は他の生命を食って生きる宿命を背負っているのか。してみると、人間にとって「とも食い」もやむを得ないのであろうか。戦争による殺し合い、堕胎による無数の人間の生命の抹殺など――こうした所業から「とも食い」までの距離はあまりないのではあるまいか。わたしはロシアの画家・詩人ニコライ・レーリヒのつぎの詩句を思い出す。

Мальчик жука умертвил, узнать его он хотел.
Мальчик птичку убил, чтобы ее рассмотреть.
Мальчик зверя убил, только для знанья.
Мальчик спросил: может ли он для добра и для знанья убить человека?
Если ты умертвил жука, птицу и зверя, почему тебе и людей не убить?

少年はかぶとむしを殺した、それを知ろうとしたのだ。

少年は鳥を殺した、それを観察するために。

少年はけものを殺した、ただ知識のために。

少年はきいた、善と知識のために人間を殺してもよいだろうか、と。

お前がかぶとむし、鳥、けものを殺したのであれば、人間を殺したってかまわないじゃないの。

ナチスの殺人ガス室、原子爆弾の投下、その他多くの大量殺人は、ほとんどが「善と知識」(国家もこれに含まれるとして)の名において行われた。波川や宮野はなんの名において丹野を殺して食ったのであろうか。

一つだけ救いがある。それは、同じ人間にもいろいろあって、波川や宮野はあくまで「例外的人間」だということである。彼らはこの収容所の二百数十人の誰もが思いつかないこと、誰もが忌まわしいと思うことを実行した。しかし圧倒的大多数は「正常人間」であり、中には仲間のために自分がすすんで犠牲になる人さえいるかも知れないではないか。わたしは、仲間をおびき出して歩かせ、それを殺して食うなど、考えることさえ忌まわしいと思う(声を限りに四方へ向かってこう叫びたい)。わたしは、よし今この場で「屠殺」されても、「屠殺」する方にまわりはしない(願わくはそういう場に出くわしたくない)。

それにしても、いやな出来事だ。彼らとわたしとが同じ人間であるとすれば、わたしはいっそ「人間」であることをやめてしまいたい。

こう思いながらも、わたしは生きている。わたしは今もなお、もう一つの光景を自分の記憶から消し去ることが出来ない。収容所の松の木の下に、三人の死体が並べられた日の夕方、一日の作業から帰ってきて、三三五五と、立ったまま死体をながめていた多くの仲間たちのうしろ姿である。誰もがだまって、じっと目をこらしていた。この人たちも、きっとわたしと同じことを感じたにちがいない。しかし彼らは、その翌日からは死体のそばを通っても、もはやそれを見ようとはしなかった。

そうだ、わたしが生きていられるのは自分がこの仲間たちの側にあり、この人たちを信じ、この人たちに支えられているからなのだ。わたしがここで語った夢魔のような出来事はまぎれもない事実である。しかしあまりにも悲惨である。そちらの側だけをながめると、この平和な世までがみじめに見えてくる。

わたしは、暗い記憶から逃れることは出来ないが、みんなと一緒に、明るい方を向いて生きていこう。

〔以上の文中の逃亡計画のくだりについては、筆者が便所で聞いたのではなく、事件のあと、波川と同室の仲間から聞いたものである。なお、ここに出てくる人名は仮名である。〕*

〔 〕内の記述　関記念財団より発行の『わたしのシベリア体験から』(二〇一五年一月)に、『シベリア記』(潮出版社、一九八〇年三月)の第四章を〔回想(自作朗読)〕わたしのシベリア抑留記から」として再録した際に加筆したもの。

Ⅱ　シベリア随想

佐藤清画《望郷の花》

ウオツカの効用

一九四七年、つまり終戦から二年目の春五月。場所は、今では水力発電所で有名な東部シベリアの都市ブラーツクから二八キロの地点にあった捕虜収容所。これはふつう二八分所とよばれたが、ここでの私たちの生活は、つらいこともあったが、反面なにかとなつかしい思い出も多い。これは私だけでなく、当時の仲間たちにとっても同じであるらしい。

収容所での主な仕事は、やがてはじまるバム鉄道建設の準備であった。私はそのころ、作業の視察にきたヤーニンというマヨール（少佐）と知り合った。ヤーニンは、ブラーツクにあった建設本部の一部門の局長であった。彼はソ連軍の工兵将校であったが、ドイツ軍の捕虜となり、戦後解放されてシベリアの鉄道建設に投入されたのであった。当時シベリアには、彼のような境涯のソ連将校は多く、私たちと日常接する人々のほとんどはそうであった。

五月初めのある午後、ヤーニンは何本かのダイナマイトと雷管を用意して、私たちの収容所を訪れた。あたりに点在している大小の湖沼に爆発物を投げこんで、食用の魚をとるつもりであった。私が工兵出身であることを知っていた収容所長のポスニコフ大尉は、私にヤーニンの助手をつとめるように依頼した。たしかに、当時の私はまだ爆発物の扱いに慣れていた。初年兵から工兵学校を通じて、徹底的にその技術を仕込まれていたのだ。

五月の初めといっても、北国の日はもはやかなり長く、七時でもまだ明るかった。夢中でいくつかの湖をかけまわったが、獲物はさっぱりであった。爆発の規模が小さいためか、お目当ての魚であるシチューカ（カワカマス）は一匹も獲れず、白く腹を返して浮きあがるのは鮒くらいのものであった。

うす暗くなったころ、ふたりは帰途についた。収容所まではごく近かったが、一つ大きな難関があった。収容所のすぐ下を流れるウィハレフカ川（アンガラ川の支流）を、ボートで渡らねばならなかったのである。雪解け水で流れは速く、それにこのボートというのがちょっとした代物で、日本兵の中にいた大工（船大工ではない）が松の板を張り合わせた不安定なものであった。

私たちは慎重をきわめて乗りこんだ。しかしどうしたはずみか、岸をはなれたとたんに、ボートは転覆し、氷のように冷たい流れに投げ出された。私ははじめ、驚きのあまり少し水を飲んだが、間もなく自分が泳げることを思い出し（体がおぼえていた）、自力で岸の柳の枝につかまってはい上がった。しかし、残念ながら収容所の対岸であった。ヤーニンの方はまったく泳げなかった。かろうじてさかさになったボートにつかまって、暗やみに向かって大声で叫びつづけた。

「スパサイチェ」(たすけてくれ)

これに気づいた収容所の歩哨が発砲によって急を知らせ、はるか下流の曲がり角で救い上げられた。私は岸辺でひとり坐っているうちに、寒さのためにしだいにもうろうとなり、ついに意識を失った。

私は今でも、あのときのなんとも言えない「快感」を忘れることができない。助けにきた歩哨は、私の意識をもどすために、髪を引っぱったり、顔をたたいたり、かなり手荒なことをしたらしい。歩哨は例のボートで私を収容所までつれて帰った。

仲間たちは、まだ片づけていなかったストーブをまっ赤になるまで燃やして待っていてくれた。私は服を着かえて、これに抱きつくようにしてあたったが、歯の根があわず、三〇分ほどしてもふるえはとまらなかった。このとき作業係のルパンジン中尉が、コップ一ぱいのウオツカに上から紙の蓋をして走ってきた。そして私に叫んだ。

「さあ、これをいっ気に飲め、飲まないと肺炎になるぞ」

私は言われるとおりにした。すると腹の中からかあっと熱くなり、ふるえは嘘のように静まった。

翌朝ヤーニンに会うと、彼は疲れた目をして私につぶやいた。

「四年間の独ソ戦でも、今度のようなひどい目にあったことはなかった。いっぺんに頭が白くなったような気がするよ」

猟犬アブレックの死

一九四七年の二月下旬のことであった。戦後二年目を迎えていたが、ソ連国内はまだ戦争の疲弊からたちなおりきっておらず、パンや雑穀、肉その他主な物資にはすべてきびしい配給制がしかれていた。

ソ連では戦後数回のデノミネーションが行われた。しかし当時はまだ戦時からのままであり、金はだぶついていたけれども、その金で物を買うことは容易ではなかった。いたるところで闇《やみ》が横行していた。デノミ断行の目的の一つは闇成金を退治することであったという。公定で五ルーブリのキルピチ（ブロック形のパン）一本が闇値で三〇ルーブリもしていた。ほかは推して知るべしである。ソ連の労働者が日本人捕虜の糧秣配給量をきくと、いかにもいまいましそうな顔をして口ばしった。

「ちえっ、おれたちよりもいいじゃないか」

こうした時代、食糧関係の仕事には、当然のことながら誠実な人が任命された。帳簿と残高を照合する監査もしばしば行われた。しかしそれでも、ぴんはねや横流し、盗みなどがあとを絶たなかった。

第二八分所のマガジン係は、パリーナという三十年輩の女性であった。マガジンというのは本来、さまざまな生活必需品を販売する公営の商店のことであるが、当時はむしろ、収容所付のソ連人のための配給所であった。

パリーナは五歳と四歳の男の子をかかえた戦争未亡人であった。背が高くて肉づきと血色がよく、いかにも堂々としていた。大きな眼はいくらか愁いをふくんでいるように見え、それがまた彼女の魅力をつくっていた。彼女にはちょっと近づき難いような一種の威厳もあったが、しかしその威厳のかげには、いかにもロシアの女性らしい情熱とやさしさがかくされているように思われた。

付近のきびしい寒さも二月が峠である。その二月も下旬となれば、例外的に朝方零下三〇度を下まわることもあるが、ふつうは早朝であっても行動に支障はない。逆に、地面がよく凍っているため、自動車輸送には好都合であった。パリーナは前日の夕方、トラックで収容所を出発し、収容所付の人々のために配給用の肉をブラーツクから運んできた。収容所に着いたのはまだうす暗いころだった。北国の冬の朝はなかなか明けない。とりわけその朝のように、どんよりと曇っているときがそうである。

ブラーツクで受領のとき秤《はかり》に立ち合って署名してきたパリーナは、おろすときは倉庫の中でそれを一つ一つ確認した。トラックからの運搬には四人の歩哨、作業の監視役には日本人捕虜の糧秣係ギプシェル中尉があたった。彼女は、早朝ではあるし、とりあえず倉庫に積みあげてから、朝食後ゆっくりと伝票と現品とを照合することにした。

十一時ごろ、パリーナは冷たい倉庫の中で受領してきた食糧の再度の点検にあたった。ところがここで一大事が判明した。羊《バラン》が一頭分足りない。この羊というのは、頭と脚と臓物、それに毛皮をのぞいただけで、それが凍結して木株のようになったものである。肉は配給品の中でもいちばん重要なものであった。それが一頭分も足りないとなれば、容易ならない大事件であった。パリーナはすっかり動顚してしまった。彼女はまず収容所長に知らせることにした。

「同志ポスニコフ、私はブラーツクでまちがいなく受領しました。それが今点検してみると、一頭分足りないんです。わずか一〇頭しかなかったのですから、まちがえるわけがありません。どうしましょう、困ったことになりました」

所長はひげの剃りあとの青い頬をなでながら言った。

「不思議なことだ、おろすときだれが居合わせたのかね」

「歩哨四人と糧秣係のギプシェル中尉、それにわたしです」

「付近の雪の中を探してみたかね、ひょっとしたら、おろすときに雪の中に落として、そのまま忘れてしまったんじゃないか」

「それはもう探してみました。私の予感ではだれかに盗まれたのだと思います」

パリーナは思いきったことを口ばしった。思いつめたような顔つきであったから、聞き手にとってそれほど意外ではなかった。

「日本人捕虜は近よらなかったか」と所長は言った。

パリーナはこの言葉を聞いて、いくらかむっとした。ここでどうして「日本人」が出てきたのか。居合わせた人のことは、さっき言ったばかりではなかったか。パリーナはだいたい日本人に同情する傾向があり、所長には好感を抱いていなかった。所長は今でこそ看護婦のリーダとよろしくやっているが、それ以前、ある夜酔っ払ってパリーナの部屋にきてくだを巻き、彼女に追い出されたことがあった。しかし彼女は、自分の内心とはうらはらに、精いっぱいの愛想笑いをしながら言った。

「同志所長、いい考えがあります。作業係のルパンジン中尉の愛犬アブレックをご存じですか。あの犬に探してもらったらいかがでしょうか」

「おお、それはいい考えだ。同志ルパンジンに頼んでごらん。私も同意したとつけ加えて」

ルパンジン中尉はポーランド人の妻とともに、パン工場とマガジンのある建物の一室で暮らしていた。猟が好きで、アブレックという名の猟犬を飼い、これをつれて狩猟に出かけることを最大の楽しみにしていた。アブレックは当時の値段で二五〇〇ルーブリもしたとかで、身長一メートルあまり、よく訓練された敏捷で大胆な犬であった。彼の話だと、この犬をひと目見ただけで惚れこんでしまい、毛皮や洋服まで売ってお金をつくったという。彼は、土俗的な冗談と洒落、歌をたえず口にしていた。ことわざもよく知っていた。私は今でも彼の冗談をいくつかおぼえているが、たとえばその中には、雄熊が雌兎をかきくどくきわどい話もあった。

私が「バービエ・レート」（初秋の小春日和の意）という言葉をはじめて教えられたのも、彼によってである。直訳すると、「バーバ」（女、おかみさんの意）の夏ということで、いわば「老いる前の女性」「年増」の魅力を言い表したものであることを、くり返し説明してくれた。

ルパンジンはなかなか義侠心のある男で、私たち捕虜にたいしても、ときとして思いきって寛大な態度をとっていた。収容所長など上司の前では、わざとのようにがみがみどなったが、彼ひとりになると、決して仕事に追いたてたりなどしなかった。彼は長い間ドイツ軍の捕虜になっていたということで、おりにふれて、「お前たちの捕虜生活は、ドイツ軍にとらわれたわれわれに比べればお客さまのようなものだ」と大まじめに言っていた。しかし、あまりくわしい話はしなかった。

ルパンジンは背が高く、背すじをまっすぐにのばして歩いた。顔には雀斑《そばかす》がわずかに散っていたが、金髪と広い鼻株（あまり高くはなかった）、わずかに眼尻の下がった青い眼など、顔全体がいかにも人なつこそうな印象をあたえた。年齢は当時三十三ということだったが、長い捕虜生活の苦労のためか、年よりもかなりふけて見えた。

ルパンジンはまた、愛妻家であった。わたしも何度か居合わせたことがあるが、食事の前には必ずキスを交わしていた。あるとき彼はこんなことを言った。

「ポーランドの女性は妻として完璧に近い。彼女たちはショパンの音楽のように情熱的で、しかも優しい愛情にあふれている。彼女たちの血の中には、ジプシーの情熱とスラブの野性とボヘミアの牧歌が入りまじっているのだ」

さて、ルパンジンははじめアブレックによる協力をことわった。あとで憎まれることを恐れたものであろう。事実、結末からみれば、この予感は正しかったわけである。しかし、所長とパリーナのたっての頼みを拒否しつづけることはできなかった。そこで彼は、一つの条件をつけた。

「チェカーのエウダキモフ少尉が捜索にあたるならば協力しましょう。それ以外の人だったら、残念ですが協力できません」

チェカーというのは、いわゆるゲ・ペ・ウのことで、ここでは憲兵の役割をも果たしていた。所長はその言葉にしたがって、エウダキモフをわずらわすことにした。

アブレックはそのころ、夜間は家の中に入れられ、昼間は外の犬小屋につながれていた。均整のとれた大きい、そして賢い犬であった。馬にしてもそうだが、この種の動物には、能力と肢体の美しさの間に深い関係があるのかもしれない。

ルパンジンはエウダキモフと所長の前で、アブレックをつないであった革紐をほどきながら、その首すじをたたいて言った。

「さあ、ひと働き頼むよ、パリーナおばさんが困っているからな」

アブレックは、うれしそうに身をふるわせて主人にとびついた。それからルパンジンは、アブレックに羊肉の匂いをかがせてそれを記憶させたあと、その導くとおりについていった。エウダキモフ、所長、パリーナその他の人々が、ぞろぞろとそのあとにつづいた。私は、たまたまその日の作業の打ち合わせのためにルパンジンの住居まで来たところだったので、はじめパン工場の階段の上から、つぎには将校宿舎の角のところから事のなりゆきを見まもっていた。

アブレックは、付近の松の根もとや白樺の茂みの中などに入り込んで嗅ぎまわることはあったが、まるで磁石かなにかにひかれるように歩哨の宿舎の方へ向かった。ルパンジンは犬があまり「率直」なので、いくらか当惑気味であった。

「アブレック、もっとこっちの方もよくさがしてみろ」とどなりながら、ソ連側の将校宿舎の方へ犬をひいていった。アブレックは理解に苦しむというように主人の顔をふりむいたが、言われるとおりに将校宿舎に方向を転じた。しかしアブレックの態度には、いかにも、ご主人さまがそう言うならばそれにも応じましょう、といった素振りが見られた。

ルパンジンは決然とした面持ちで言った。

「さあ、アブレック、どっちだ?」

すると犬もまた緊張をとりもどして、歩哨の兵舎の入口に向かった。ルパンジンは言った。

「同志エウダキモフ、やっぱりアブレックはどうしてもこの中に入るといってきかない。ひとつ、よろしく頼みます」

「よし、ちょっと待ってくれ、今、小隊長に会ってくるから」とエウダキモフは答えて、兵舎の中に入った。歩哨の兵舎は一種の治外法権のようなものであったから、憲兵の役をしているエウダキモフ以外に、ここを捜索できる権限をもつものはなかった。またエウダキモフといえども、歩哨の直属上官の諒解を得なければ、立ち入ることはできなかった。

数分後、エウダキモフは小隊長といっしょに出てきて言った。

「さあ、入ってよろしい。ただしルパンジンと犬だけだ」

アブレックは躊躇することなく中にとびこんだ。歩哨たちは騒ぎだした。

「なんだ、なんだ。ここは犬小屋じゃないぞ」

「あまり図《ず》にのるなよ、いいことにはならんぞ」

彼らは口々になにか叫んだり、口笛を吹いたりした。銃の手入れをしていたある兵隊は、銃口を犬に向けておどした。

あばた痕のあるブリヤート・モンゴル人の若い小隊長は、威厳をこめて、抑揚をつけながら一言だけ叫んだ。

「静かに《チイーシェ》」

兵隊たちは一瞬にして沈黙し、ただ冷たい眼差しだけで犬の行動を追った。彼らにとって、直属上官の命令は絶対的であった。直属でなければ、相手がたとえ将官であっても退かないことがあった。私たちがブラーツクの近くで道路工事をしていたとき、建設本部の高官らしい将軍がそこを自動車で通過しようとした。通そうと思えば十分通れる道であった。しかし私たちについていた歩哨は、自分たちの小隊長の命令がなければ絶対に駄目だ、と言い張って、ついにその自動車を引き返させてしまった。その歩哨が最後には、自動小銃をその高官の車の方に向けたのには、私もびっくりした。

歩哨の兵舎は一つの大部屋になっていて、入口のすぐ右側に銃架があり、小銃、自動小銃が整然と並べられ、その奥は廊下をまん中にして両側に鉄製の寝台がつらなり、寝台の上の毛布はきちんと整頓されていた。部屋の突き当たりには、大きな机が三つ並べられ、巡回図書館の書棚が二つ、その右隅に立っていた。壁には、「社会主義ソビエト祖国のために最後の血の一滴までも捧げよう」というスターリンの言葉を印刷したポスターがはられてあった。

アブレックは、突き当たりの左隅の床板をさかんに嗅ぎながら、主人の顔色をうかがって、太い前足でそこをひっ掻いてみせた。

エウダキモフは、腰をかがめてその場所をよく観察した。床板が一メートル四方に切られて、蓋のようになっていた。エウダキモフがそれをこじ開けると、中には一頭分の羊肉がかくされてあった。エウダキモフが羊肉をとり出したとき、歩哨たちはびっくりしたようにお互いの顔をながめた。あまり表情の変化のない小隊長も、瞬間顔色が変わったようだったが、すぐ平静にもどった。

「あとは私が処置するから、みなさんは出ていってください」

エウダキモフは外で待っていたパリーナに羊肉を手わたしながら言った。

「監督をきびしくしてくださいよ。食糧の積みおろしのとき、あなたは働かないで監視している方がいいんじゃないですか」

羊肉の盗難事件は、それで無事落着したように思われた。ところがそれは表面だけで、その裏では犬にたいする歩哨たちの深い憎悪が渦巻いていたことが、間もなく明らかとなった。

アブレックの活躍から一週間ほどした後の早朝、収容所の四隅に立つ望楼の一つから突然、五発の銃声がタイガの静寂を破った。私はちょうど起き出したところだったので、だれかが鉄条網に近づいたために射たれたのではあるまいかと思って、あわてて外にとび出してみた。

鉄条網の柵は、幅約五メートルの間に三重の列をつくって収容所の周囲をとり巻き、ところどころに「近づくべからず、射殺さるべし」と書かれた札がかかっていた。私は銃声のきこえた方向の、つまりルパンジン宅の側の鉄条網をながめた。五メートル幅の警戒帯の内側になにかが倒れていた。傷口に赤い血がにじみ出ていたが、人間ではないようだった。さらによく見ると、明らかに犬や狼であることがわかった。私はとっさにすべてを悟った。

——アブレックにちがいない。かわいそうに、歩哨に報復されたのだ。

鉄条網の外側からルパンジンの姿が見えた。彼もまた時ならぬ銃声でとび出したのだったが、そこに愛犬アブレックの姿を認めて、必死でくり返した。

「アブレック、アブレック、こちらへこい」

しかし、犬は石のように動かなかった。ルパンジンは、われを忘れて鉄条網の柵の内側に入ろうとした。すると望楼の歩哨がどなった。

「駄目《ネリジャー》だ、小隊長が来るまで入ってはならない」

ルパンジンは大粒の涙を浮かべ、胸をかきむしりながら叫んだ。

「ああ、アブレックが殺された。アブレックがいったいなにをしたとう言うんだ。アブレックを殺すくらいなら、どうしていつも柵の中を出入りする猫を殺さないんだ」

そのうちに、小隊長が二人の兵隊をともなって現場にやってきた。彼は縦に二列の金ボタンのある灰色の外套を着こみ、その上から幅の広い茶色のベルトをしめ、左肩から右腰にかけてピストルを支えるためのバンドをかけ、肩には少尉肩章がのっていた。小隊長は切れ長の眼でじっとアブレックの死体を見やってから、静かに言った。

「あれが犬かね、あんなに大きくては、人間と見まちがえるのも無理はないな」

そして、小隊長の顔を凝視しているルパンジンの方は見ないで、そばにいる部下に向かって事務的な口調で命じた。

「運び出せ」

弾丸はアブレックの腹に二発、頭に一発命中していた。即死だったにちがいない。ルパンジンは、アブレックの死体を黙って抱きあげ、自分の住居の玄関先まで運んだ。ルパンジンの妻ダーシャは、アブレックの死体を見て大声をあげて泣きくずれた。

アブレックの死は、私たち捕虜にとってもショックであった。その犬は私たちにとっても、大きな慰めだったからである。

ニーナの思い出

春に咲くシベリアの花にチェリョムハ（Padus）という白い花がある。露和辞典に「マハレヴざくら）とか「実ざくら」となっているように、花の粒は小さいが、サクラと同じような花弁をなし、房を形づくっている。ふつうは河岸のよく肥えた土地に生育するが、住居の庭先や公園などで見かけることも多い。実を煎じて飲むと下痢に効くという。しかしこの花の最大の特徴は、花に蜜が多く、沈丁花に似た強い香りのすることである。ソ連の旅でチェリョムハの花を見るたびに、私はいつもシベリアで出会ったニーナという女性のことを思い出す。

一九四六年の春、私たちは、今では水力発電所で有名なブラーツク市から西へ二八キロはなれた地点のバム鉄道の予定線で、伐採や収容所の建設をしていた。私たちの収容所は通称二八分所とよばれ、日本人捕虜の数は二〇〇〜五〇〇人くらい、それを管理するソ連側の人たちは、ほとんどドイツ軍の捕虜になっていたソ連軍の将校たちであった。彼らは、収容所のそばに私たちが建てた木造の住宅に住み、水や薪などはすべて私たち日本兵が補給していた。

ニーナは、この収容所の管理にあたる若い政治部将校ユダキモフの奥さんで、年齢は二十五歳くらい、リリカという三歳の娘の母であった。ニーナは栗色の髪、少しうけ口気味の唇、大きな黒い目をもち、ロシアの女性として大きくも小さくもないすらっとした背丈であった。鼻の下端が少しめくれあがっているのが、いかにも人なつっこい印象をあたえていた。私は当時二十四歳、その前年の夏満州で敗戦を迎え、晩秋になってシベリアへ送られたが、工兵出身の将校ということで、ソ連側から二八分所の日本側作業隊長を命ぜられていた。前年秋からロシア語の独学をはじめ、片言を話すことができた。

ある日私は、ニーナの頼みで収容所の下の河岸に咲いていたチェリョムハの大きな花束を持って、彼女を訪れた。ニーナの夫は長期出張が多く、その日も留守であった。彼女の話では、彼には愛人がいるという。なにしろ当時は、独ソ戦で多くの男子が死んだために、成人男子一人あたり成人女性五人の割合と言われていた。

ニーナはペーチカで部屋をあたたかくして、床を洗っていた。ロシア人は床洗いが好きだ。ショートパンツ一枚だったから、白い足は太腿まであらわになり、豊かな胸の谷間も見え、たわしを動かすたびにゆれていた。彼女は仕事をつづけながら、私に語りかけた。部屋の中にはチェリョムハの香りが充満していた。

「チェリョムハの花はなんと言っても香りがいのちですわ。この花の下では、ひとり者はひとりで立っていられない、と言われてるんです。つまり、それほど煽情的な匂いだということです」

汗ばんで、かすかに上気したニーナの顔は美しかった。長い冬のあとの女性の白い素肌は、それでなくても目に焼きつくシベリアの春であった。ひどく悩ましくなった私は、あわてて別の話をした。「今日、鉄道の予定線路に沿う自動車道路の建設に送られてきた女囚のグループに会いました。あんな若い女性たちが、どんな罪をおかしたというのでしょうね。かわいそうです」

「それはちがうでしょう。彼女たちは戦争中の一時期、わたしたちがほとんど餓死寸前のとき、ドイツ軍の占領下ではでな生活をしていたのです。その報いを受けるのはあたりまえでしょう」

私はニーナの割り切り方におどろいた。しかし、私が聞いたところでは、彼女たちの中には、ドイツ軍に加担した人たちもいることはいたが、しかし多くはいろいろな工場で働き、わずかな物資などをごまかしたために刑を受けたのだという。私はニーナの考えに同意できなかった。

私とニーナの交友はその後もつづいた。リリカの眠っているそばで、ベッドに白い足をのばしていたニーナ、ロシア民謡を教えてくれたニーナ、ダンスのコーチをすると言って私の手をとったニーナ……、ソ連将校の一部には、私とニーナの間には一線を越えた男女の関係があるとかんぐる人さえあったようだ。

二八分所の日本兵の移動と同時に、ニーナとも別れることになったが、タイシェトの収容所でもう一度いっしょになり、同じくチェリョムハの花の咲くころのある日、ニーナからボルシチをごちそうになった。そのときは、ニーナの一家は一戸建てに住み、小さな檻で仔熊を飼っていた。ちょうど私が居合わせたとき、仔熊が檻の天井をこじあけて外へとび出した。仔熊がフー、フーと鼻息荒く走り出すと、近くで草を食んでいた数頭の馬がおどろいて、一目散に四方へ散ってしまった。仔熊といえども、動物界におけるその威力はたいしたものであることを知った。

シベリアの旅でチェリョムハの花に出会うときはもちろん、沈丁花や桜の花が咲くと、ニーナのことを思い出す。ニーナは今どうしているだろうか。

日本人とシベリア女性

鈴鹿市南若松の心海寺に「極珍書」と題する写本が残っている。これは一七九八年（寛政十）、心海寺の住職実静が若松出身の漂民、磯吉から聞いたことを書き残したものである。ここで「極珍書」について語る前に、まず磯吉という人物について紹介しなければならない。

一七八二年（天明二）十二月、伊勢国若松村生まれの船頭大黒屋光太夫は、乗組員一六人とともに、神昌丸という千石積みの船に乗り、紀州藩の回米五百石などを積んで江戸に向かう途中、遠州灘で暴風雨のために舵《かじ》と帆柱を失い、八カ月あまり漂流してアレウト列島中のアムチトカ島に漂着した。

その後、生き残った数人は、ロシア毛皮商人らの助けによって、カムチャツカからヤクーツク経由でイルクーツクに着き、やがてペテルブルグでエカチェリーナ二世に謁見して、一七九二年（寛政四）九月、ロシアの第一回遣日使節アダム・ラクスマンにともなわれて日本に帰還した。帰国したのは三人であったが、うち一人は根室に着いてすぐ死んだので、残ったのは光太夫と磯吉の二人だけであった。ときに光太夫四十二歳、磯吉二十九歳であった。

幕府は、外国事情が民衆に伝わるのを恐れて、二人を薬園内に軟禁した。一生「飼い殺し」にされてしまったのである。磯吉は一カ月間ほど帰省を許されて若松に帰り、母親や身内と対面した。「極珍書」はそのときに成立したものと考えられる。

さて「極珍書」の中につぎのような一節がある。「女性は慎みより容色すぐれたること前遍に言ふが如し。磯吉久しく漂流の間に大傷寒をうけて、イルクツカにて病気保養する。キリロが妹娘病家にきたりて看病する。医師来りて始終膏薬にて熱をとり、療養すること妙なり。其時キリロが妹と密通す」。ここで言う「キリロ」は、光太夫らが帰国するうえで、親身に世話をやいてくれた学者キリル・ラクスマンのことで、アダムの父親にあたる人物である。

私はこの話を読んで、私自身のシベリア抑留体験を連想した。第二次世界大戦後、多くの日本人がシベリアで抑留生活を送り、強制労働に従事したが、そのときにも、まれには日本人とロシア人女性の間の「密会」があったことを、私は知っている。友人のひとりは、浴場の火焚《た》きをしているとき、そこで働いていた女性と親密になり、別れのときにその女性から涙ながらに口説かれたという。

「日本は地震が多いんでしょ。シベリアには地震はないんですよ。そりゃ、冬は少し寒いかもしれない。しかし寒さだったら、暖かい私がいるではありませんか。日本に帰らないで、地震のないシベリアに残りなさいよ」

抑留の話の多くは暗い。しかし、わずかながら、こんな側面もかくされているのだ。また日々の暮らしには、それなりに笑いも喜びもあったのだ。なお、大黒屋光太夫ら一行の漂流と帰国のいきさつは、作家井上靖の名作『おろしや国酔夢譚』に描かれている。

ユカギルの葬制

東部シベリアにユカギル族とよばれる少数民族が住んでいる。十七世紀当時四〇〇〇人あまりいたとの記録が残っているが、今ではわずか数百人しか残っていない。それも、ソ連の積極的な保護政策によって、かろうじて生き残っているありさまである。ユカギル族はかつてシベリアのたいへん広い範囲に分布していたが、今では東部のコリマ川、ヤサチナヤ川流域に住んでいるだけである。

ユカギル族の信仰や風習には、ヤクート族やツングース族以前の古い要素が多く残されていると言われる。たとえば葬制である。これはシャマンとふつうの人とではまったくちがっていた。

シャマンが死ぬと、遺族は手袋をはめ、マスクをかぶり、なにかの道具を利用して、遺体の骨と肉をていねいに分けた。その肉を細長く切って日光で乾かし、親族の間でこの骨と肉を分配し、それぞれ柳の木でつくった小屋に納め、上等の犬を殺してこれに供えた。この乾燥肉が腐敗すると、親族が病気にかかると考えられた。また肉の切れを皮袋に入れて肌身につけた。

これは旅のお守りであり、狩猟と戦闘において成功をもたらすものであった。シャマンの頭蓋骨《ずがいこつ》は最も神聖なものとして、帽子をかぶせ、人間をかたどった木柱上にとりつけ、木柱全体に衣服を着せた。そして、毎食ごとに、この頭蓋骨の口に食物を塗りつけた。ユカギルの観念によれば、人間には三つのアイビ（霊）があった。一つは頭に住み、もう一つは心臓、三つ目は全身に宿っていた。人が病気になるのは、頭のアイビが陰の国へ去り、別の悪霊が体内に入るからと考えられた。この場合、シャマンは陰の国へおりてアイビを引きもどすことができた。

人が死ぬのは悪霊（ククリまたはコレリ）が体内に入りこみ、内臓を食い荒らすためであった。著名なユカギル族研究家ヨヘルソンの調査によれば、ユカギルの人も、人間がとどのつまりはみな死ぬことを認識していたが、しかし死という事実を、不自然な出来事（戦闘など）あるいは偶然的な原因に結びつけようとする傾向があった。ユカギルはシャマン以外の人々の遺体を、四本の杭《くい》の上にのせた棺に葬った。食料についても同じであった。これは犬や野獣から保護するためであるとされている。このことはサハリンのオロッコ（ウイルタ）の風習と同じである。棺内には、死者の身のまわりの品を壊《こわ》してから納め、葬式の二日後、トナカイを殺して供えた。

人は死者を、なんらかの形で保存しようとつとめた。ミイラもその一つであり、前記のユカギル族のような方法もあった。あるいは南シベリアのウイバト古墳（前二世紀）などでは、粘土や石膏のデスマスクが発見されている。また、墓の中に頭蓋骨の数だけが異常に多いものもある。いずれにしても死の問題は、文明人にとっても未開人にとっても、永遠のなぞであるようだ。

シベリア諸民族と客の歓待

客を歓待する風習はユーラシア全域に広がっている。一家の主人たるものは、たとえ自分の家族に食べるものがなくても、来客のために穀物や保存食を常時用意しておく必要があった。たとえ客がにくい敵であっても、敵であることをかくして来客となれば、もはや敵ではなく「神の客」として遇さなければならなかった。

北太平洋のアレウト族では、有力者のところに来客があった場合、ふたりある妻のうちひとりを客にさし出すことになっていたと、ものの本に書かれている(ゲオルギによる)。エスキモーは自分の妻に客をもてなさせるという話もきいた。ソ連のエスキモー研究家チレノフにこのことを確かめたところ、今ではもうなくなったが、昔はたしかにそういう風習があったという。ただし、これはきびしく互酬的なもので、自分の妻を「貸した」人は、その相手をよく覚えていて、必ずその「お返し」をしてもらうことになっていた。

前回紹介したシベリアのユカギル族の場合は、妻ではなくて娘を来客のためにさし出す風習があった。有力者の来訪はむしろ光栄とされていたのである。

ユカギル族の研究者ヨヘルソンは、一九〇一―二年に北東シベリアのヤサチナヤ川岸で、数人の娘を持ったユカギル族の一老人に会い、祭日にその末娘の写真を撮りたいと申し入れた。ところがその老人はヨヘルソンの話をどうとりちがえたのか、夕方おそく娘ひとりをよこした。そこで写真撮影は翌朝にのばして、ひきとってもらった。あくる朝ヨヘルソンが自分のテントを一歩出てみると、驚いたことに、その娘がただひとりすぐそばにテントを張っていたのである。彼女は父親から因果を含められ、ヨヘルソンを一晩じゅう待っていたのだった。朝の彼女はたいへん機嫌がわるく、結局写真にはならなかった。彼女は来客に「振られ」、かいもなく待ったとして、ほかの若者たちに笑われたという。

ヨヘルソンによれば、ユカギル族は同じ地域の未婚の若者たちの間に性の自由があった。このほか、言わば「ホスピタリティ・プロスティテューション」というものがあって、娘たちは夜間訪れる男性をだれでも受け入れていたという。オモロン川地方から嫁をもらいにきた人が、ヤサチナヤ川岸の娘たちが性的にあまりにもルーズだとして、断念したとの話もきいた。未婚の娘たちを訪れる男性にとって、一つだけ守るべきおきてがあった。それは、お目当ての女性以外の人々が寝静まってから訪れ、人々が起き出す前に去ることであった。

ヨヘルソンは、この風習の説明として、来客用のあたたかいベッドは、娘のもの以外になかったためではないかと考えている。つまり娘をさし出すのではなくて、ベッドをさし出したことがこの風習の起源であろうという。また、本来シベリア諸民族の間では、処女を高く評価する風習はなく、全体として性的関係はルーズであった。その背景のもとで、支配者としてのロシア人の要求によってこの風習が成立したのであろうと彼は述べている。

シベリア精霊像収集の旅

一九七九年六月八日から六月二十二日までの二週間、私は博物館の仕事として、シベリアの神像のレプリカ製作の資料集めに、三人の技術者（トータル・メディアの岩崎晴貞氏、京都科学標本の中沢、勝見両氏）をともなってハバロフスク、イルクーツク、ノボシビルスクの三都市をまわった。訪問先は研究所と博物館、大学であった。

シベリアの各都市の博物館には、十九世紀後半以来、ロシアの研究者たちが熱心に集めた神像、精霊像が多数収蔵されている。それらはシベリア原住民の信仰の対象であったものであるが、彼らの社会や生活が根本的に変わってしまった今日では、もはやまったくなくなっており、収集は不可能である。しかもシベリア各地の博物館に分散収蔵されている。

そこで私は、これをレプリカにして国立民族学博物館の一堂に集めることはできないだろうかと考えた。そうすれば、レプリカではあっても、「勢ぞろい」という意味では本家のシベリアにもないものができるのではないか。

レプリカの製作のためには、それぞれの神像を縦横、上下、前後左右とあらゆる角度から撮影したり、スケッチしたりし、その上いちいち細かく寸法をとり、材料なども、できるだけ実物に近づけるために検討しなければならない。また製作・使用した民族、名称、来歴も必要である。シベリアの各博物館側からの協力がなければ、こうした条件を満たすことはとうていできない。

私には、シベリア各都市の研究所や大学に旧知の研究者が少なくないので、なんとかいけるだろうとは思っていたが、しかしやってみなければわからない。私は三人の技術者をともなっての体あたりという「冒険」をしたが、果たして大丈夫だろうかとずいぶん心配した。

結果は上首尾であった。ノボシビルスクではオクラドニコフ先生のお声がかりで、ルスラン・ワシレフスキー氏が積極的に協力し、イルクーツクではイルクーツク大学考古学科のメドベジェフ教授の口ききで博物館の収蔵庫の全面的力添えを得た。またハバロフスクでは、地方誌博物館の館長さんに協力をいただいた。私は平和な時代の親善関係とは、かくも心地よいものかと、今さらながら感を深くしたしだいである。

ノボシビルスクの研究所付属博物館には主としてナナイ族とウリチ族の精霊像が集められている。イルクーツクにはヤクート、ブリヤート（精霊像をオンゴンという）、ケト（エニセイ・オスチャク）、ツングースなどの諸民族のものが多く、ハバロフスクは、ナナイ、ウデヘイ、ウリチ、ネギダル、オロチ、ニブヒ（ギリヤク）などの神像、精霊像が特徴的である。地域や民族によって神像の名称、役割は若干ちがっているが、アムール川下流部を例にとると、だいたいつぎのとおりである。

原住民の観念によれば、精霊は空間を自由に移動でき、また動物や人間、物体などさまざまに姿を変えることができる。精霊はセヴェン、悪霊はベセウとよばれるが、いずれも狡猾で悪意あるものが多い。これらの霊は、人間と同じように飢えや渇きをおぼえるので、人間の近くにいて、人間から犠牲をささげてもらうのを待っている。人間がこれらに食物を供しないときには、飢えて意地悪くなった霊どもは、人間の中に入りこんで苦しめ、やがては人間の魂を奪って遠くへ運び去る。セヴェンやベセウは無数にいるし、ふつうの人間はとても応待にいとまがない。そこで、セヴェンとベセウとの交渉を専門にする人、つまりシャマンが必要となるわけである。

シャマンは「強力」な霊をそなえ、セヴェンの世界に入りこんで自分の守護霊を見出す能力があるとされた。守護霊はシャマンの意志に従う以外に道はなかった。シャマンは自らのまわりを精霊で固め、犠牲をささげた。したがって飢えて意地悪い精霊どももシャマンにいたずらをすることはまれであった。

シャマンはセアンス（歌と踊り、手太鼓たたきをともなう行事）をして病人を治すが、このときシャマンは必ず、自分だけが名前を知っている守護のセヴェンを呼び出して奉仕させるのである。

ハバロフスクの博物館の展示室の一隅に、右手に槍、左手に剣をにぎり、頭のてっぺんにも刃《やいば》をつけ、腹部は空っぽになった等身大の木製精霊像が立っている。有名な『デルス・ウザーラ』の作者アルセニエフによって収集されたものであるが、彼の記述によると、これはマングニとよばれ、シャマンの仕事を助ける霊とされている。腹部が空っぽなのは、マングニはつねに飢えていて、シャマンの住居に近づく悪霊を食うためである。鳥の形をした心臓（現存の像ではとれてしまっている）は、それが足をしばられた鳥のように勢いよく動くことを示している。像の側面にはヒキガエル、足にはトカゲが彫られている。これこそはきわめて重要な属性であって、この彫りものなしでは、この精霊像は生命のない、ただの木片にすぎない。さらに胸に彫られたまるいものは、どこにかくれている精霊でも必ずうつし出すためである。この像のコピーはもちろんつくられた。

同行の三人の技術者はいずれも、シベリアはもとよりソ連ははじめてであったが、「シベリア旅行がこんなにすばらしいものとは思わなかった」と喜んでくれた。シベリアとは浅からぬ因縁をもつ私としても、これを聞いてうれしかった。

国立民族学博物館を訪れた人たちがシベリアを旅行したときには、各地にある精霊像のオリジナルを見て、親しみをおぼえることであろう。またシベリアからの研究者が旅行にくることがあれば、民博にあるレプリカを見て、国際協力の証しとしてさぞ喜んでくれることであろう。

Ⅲ　加藤九祚の歩んだ道

佐藤清画《白樺の林》

履歴のあらまし

——人間関係的試み——


一九二二年（大正一一）五月十八日、韓国、慶尚北道に生まれる。

一九三六年（昭和一一）四月、山口県宇部市、私立長門工業学校（乙種）入学。機械鋳物用の木型製作を専攻。

一九三九年四月、株式会社宇部鉄工所に入社。

一九四〇年四月、宇部市立見初小学校にて代用教員として勤務。小学校の恩師二木謙吾先生（後に参議院議員）、畠中巧先生の推薦による。一年後退職。

一九四一年十一月、横浜第一中学校にて、高等学校入学者検定試験に合格。

一九四二年（昭和一七）四月、上智大学予科入学。主としてヘルヴェーグ、戸川敬一教授についてドイツ語を学ぶ。

一九四三年十二月、上智大学予科仮卒業。

一九四四年一月、工兵第二連隊（仙台）に入隊。

一九四四年四月、幹部候補生試験（第一次）に合格。班長中沢圭二（軍曹）の指導をうく。中沢氏は京都大学名誉教授。

一九四四年九月、甲種幹部候補生試験に合格。

一九四四年九月、陸軍工兵学校（松戸）に入校。

一九四五年三月、兵科見習士官として混成第一〇一連隊工兵中隊に配属。幹部候補生（第一次）の教育にあたる。北朝鮮、豆満江岸にて勤務。連隊長山内静雄大佐。

一九四五年六月、新編成の第一三九師団工兵大隊に転属（東南満州の敦化）。師団長富永恭次中将、大隊長横澤鉄郎少佐。大隊本部付通信班長として勤務。

一九四五年八月二〇日、敦化飛行場にて、ソ連軍によって武装解除、捕虜となる。関東軍命令によって一階級昇進し、陸軍工兵少尉。

一九四五年九月、ソ連軍の命令によって作業隊長の大隊長となり、まる二年間この職に止まるも、その後は「民主運動」によって職から追放される。国際条約によって将校は労役を免ぜられるも、あえてすすんで労役に服す。イルクーツク州とアムール州の十数カ所の収容所を転々とする。その間角田文衛先生、近藤鳩三、小川五郎（高杉一郎）氏ほか多くの人たちを知る
一九五〇年四月十七日、引揚船明優丸にて舞鶴上陸。恩師小林珍雄教授、濱徳太郎先生ほか多くの人びとの世話になる。

一九五一年四月、上智大学文学部ドイツ文学科に復学（新制大学三年に編入）。恩師戸川敬一先生の推薦による。ハンス・ミュラー先生の講義「リルケ詩論」をドイツ語できく。

一九五三年三月、上智大学卒業。卒論は『ロシアにおけるゲーテ像』（ドイツ語）。

一九五三年四月、株式会社平凡社に入社。小林珍雄先生の推薦による。社長下中弥三郎（のち下中邦彦）氏に育てられる。

一九七一年十二月末日、平凡社退社。平凡社在職中は編集者として井上靖、江上波夫、榎一雄、佐口透、護雅夫、山田信夫、藤枝晃、増田四郎、泉靖一、岡正雄、梅棹忠夫、樋口隆康（順不同）、ほか多くのすぐれた先生方に出会い、親しく薫陶をうける。また、販売力が必要なときには営業部員を志願し、ほとんど日本全国の津々浦々の書店をまわる。

一九七二年（昭和四七）、上智大学外国語学部（ロシア語）非常勤講師。ピオベザーナ、江沢国康、宇多文雄教授らの推薦による。

一九七三年四月、新設の上智短期大学助教授（一九七五年三月まで）。主にピオベザーナ、八幡一郎両教授の推薦による。

一九七五年（昭和五〇）四月、国立民族学博物館（民博）教授。主として館長梅棹忠夫博士の引立てと白鳥芳郎・山田信夫先生の推薦による。主に旧ソ連邦とモンゴル人民共和国の民族学標本の収集と研究に従事。在職中、司馬遼太郎氏、小松左京氏をはじめ多くの知己を得る。

一九七六年三月二三日―一九七七年一月二一日間、日本学術振興会よりモスクワ大学とレニングラード大学へ派遣される。

一九八六年（昭和六一）三月、民博を定年退職。

一九八六年四月、民博名誉教授。

一九八六年四月、相愛大学人文学部教授。森川晃卿学長の引立てによる。

一九八八年（昭和六三）四月、創価大学文学部教授。高松和男先生はじめ篠原誠理事、中野毅教授ほかの諸先生の引立てによる。以後教授、特任教授を経て、一九九八年三月末定年退職。在職中六年間にわたって創価大学シルクロード学術調査団の団長をつとめる（土井健司教授の補佐を得て）。また在職中創立者池田大作先生をはじめとする大学指導部の方々のほか、多くのすぐれた同僚や学生たちとの出会いは楽しく、学生の中から五人の長期留学生（ウズベキスタンと新疆）が出たことは私の誇りであると思っている。一九九五年以後も、なら・シルクロード学研究センター、小松左京先生、庄司ユリ子教授、山口光子教授、古曳正夫氏らの援助を得てウズベキスタンとキルギスタンで発掘調査をし、また今後もつづける予定である。

一九六三年にはじめて旧ソ連を旅行し、現在までに少なくとも三〇回旧ソ連各地を訪れる。

一九七六年（昭和五一）、『天の蛇―ニコライ・ネフスキーの生涯』によって大佛次郎賞（第三回）受賞。主として井上靖、中野好夫両先生の推薦による（ときく）。

一九八三年（昭和五八）三月、『北東アジア民族学史の研究』によって学術博士（五九一五号）、大阪大学（人間科学部）。甲田和衛、徳永恂両教授に負うところが多い。

一九九一年十一月二五日、大阪市民表彰を受く。

一九九二年一月十四日、ロシア科学アカデミー名誉歴史学博士。リディア・グロムコフスカヤ、A・ジェレビャンコをはじめ多くの人の推薦による。

一九九三年八月二〇日、ウズベキスタン共和国文化省ハムザ記念芸術学研究所名誉博士。主として所長ガフルベコフ博士、トルグノフ上級研究員の引立てによる。

一九九四年七月二九日、一九九四年度大同生命地域研究賞を受賞。梅棹忠夫先生、大林太良先生、小松左京先生、石毛直道氏、松原正毅氏らの推薦による。


（付記　「定年」を迎えるにあたり、感謝の意味で、世話になったおもに師すじの方々のお名（ごく一部）をあげさせていただいたが、私が同様に感謝すべきは、ここにお名前のあがっていない多くの先輩、同僚、後輩の人々であると思う。「定年」は世間の約束事にすぎないし、ほんとうの「定年」が「いのちの終り」であるとすれば、私にとってその「定年」まではまだいくばくかの時間が残されているようである。どうぞ今後もお力ぞえをたまわりますようお願いします。）

【著書】

○『シベリアの歴史』一九六三年五月三一日　紀伊國屋書店
○『シルクロードの十字路』一九六五年九月一〇日　ベースボールマガジン社
○『西域・シベリア』一九七〇年二月一〇日　新時代社（のち、中公文庫）
○『シベリアに憑かれた人々』一九七四年五月二五日　岩波新書
○『ユーラシア文明の旅』一九七四年六月二〇日　新潮社（のち、中公文庫）
○『天の蛇――ニコライ・ネフスキーの生涯』一九七六年四月二五日　河出書房新社
○『中央アジア遺跡の旅』一九七九年二月一日　日本放送出版協会（NHKブックス）
○『シベリア記』一九八〇年三月一五日　潮出版社
○『熱砂の中央アジア』（加藤久晴と共著）一九八一年一〇月六日　日本テレビ放送網
○『万年雪の大コーカサス』（加藤久晴と共著）一九八一年一〇月二九日　日本テレビ放送網
○『ヒマラヤに魅せられたひと――ニコライ・レーリヒの生涯』一九八二年一月三〇日　人文書院
○『アジア最深部』（ソビエト2）（共著）一九八四年四月一〇日　日本放送出版協会
○『ユーラシア記』一九八四年一二月一日　法政大学出版局
○『北東アジア民族学史の研究――江戸時代日本人の観察記録を中心として』（博士論文）
　一九八六年三月二〇日　恒文社
○『北・中央アジアの歴史と文化』一九八七年一〇月一日　日本放送出版協会

○『ユーラシア野帳』一九八九年九月二〇日　恒文社
○『日本人の心のシベリア』（ロシア語）一九九二年九月　ノボシビルスク刊
○『初めて世界一周した日本人』一九九三年九月一〇日　新潮選書
○『シルクロード文明の旅』一九九四年三月一〇日　中公文庫
○『中央アジア歴史群像』一九九五年一一月二〇日　岩波新書
○『古代ホラズムの研究』（共著）一九九六年三月三一日　なら・シルクロード学研究センター
○『中央アジア北部の仏教遺跡の研究』一九九七年三月三一日　なら・シルクロード学研究センター

【編著】
○『シルクロード事典』（前嶋信次と共編）一九七五年九月三〇日　芙蓉書房
○『エルミタージュ博物館』（世界の博物館シリーズ）（共著）一九七九年一月一〇日　講談社
○『日本のシャマニズムとその周辺』（共著）一九八四年六月二〇日　日本放送出版協会
○図録『南ウズベキスタンの遺宝　中央アジア・シルクロード』（G・プガチェンコワ、E・ルトヴェラーゼと共編）一九九一年一月二日　創価大学・ウズベク文化省ハムザ記念芸術学研究所
○論集『ダルヴェルジンテパＤＴ25　一九八五―一九九三、発掘報告』（共編）一九九六年二月二〇日　創価大学

【翻訳書】

○ソヴェト大百科事典『第二次世界大戦』（相田重夫と共訳）一九五五年一月一日　青木文庫
○ロジェ・ガロデイ他著『実存主義批判』一九五五年一二月二五日　青木文庫
○ボリス・ジューコフ著『湖底に消えた都（イッシク・クル湖探検記）』一九六三年一二月二〇日　角川書店
○アルダン・セミョノフ著『知られざる大地（チェルスキーの生涯）』一九六五年五月二五日　学習研究社
○N・プルジェワルスキー著『黄河源流からロプ湖へ』一九六七年一一月五日　白水社
○A・オクラードニコフ著『黄金のトナカイ』一九六八年九月一五日　美術出版社
○ヤクボーフスキー他著『西域の秘宝を求めて』一九六九年五月一〇日　新時代社
○パセツキー著『極地に消えた人々』一九六九年八月五日　白水社
○V・マッソン著『埋もれたシルクロード』一九七〇年一一月二七日　岩波新書
○S・ルデンコ著『スキタイの芸術』（江上波夫と共訳）一九七一年一月二〇日　新時代社
○シムチェンコ著『極北の人たち』一九七二年一二月二〇日　岩波新書
○A・オクラードニコフ著『シベリアの古代文化』（加藤晋平と共訳）一九七四年八月一六日　講談社
○V・アルセニエフ著『デルス・ウザーラ』一九七五年六月二〇日　角川書店

○G・ステラー著『カムチャツカからアメリカへの旅』(本書にはS・クラシェニンニコフ著『カムチャツカ誌』の抄訳も含まれている) 一九七八年一一月五日　河出書房新社
○シーボルト著『日本』(共訳) 一九七九年五月一八日　雄松堂書店
○L・アリバウム著『古代サマルカンドの壁画』一九八〇年六月二九日　文化出版局
○B・ピオトロフスキー著『埋もれた古代王国の謎』一九八一年九月一〇日　岩波書店
○B・ピオトロフスキー著『エミルタージュ美術館』(生田圓・青柳正規と共訳) 一九八五年一月二四日　岩波書店
○D・マイダル著『草原の国モンゴル』一九八八年七月二五日　新潮社
○V・サリアニディー著『シルクロードの黄金遺宝』一九八八年七月二八日　岩波書店

論文その他は省略

補遺・その後の履歴

一九九八年（平成一〇）、ウズベキスタン科学アカデミー考古学研究所と共同で、ウズベキスタン南部テルメズ郊外カラテパでクシャン時代の仏教遺跡の発掘を開始。その三日後に巨大ストゥーパを発見。以降、薬師寺、友人らの協力を得て「カラテパ仏跡日・ウ合同調査隊」を組織、死去直前までピダエフ氏とともに発掘調査を率いる。発掘に要する費用は、奈良薬師寺（管主・安田暎胤《えいいん》師）に事務局をおく「テルメズ（中央アジア）仏跡発掘調査後援会」（会長・井上ふみ〈井上靖夫人〉、事務局長・加藤朝胤《ちょういん》師）の募金による（肩書きはいずれも当時のもの）。

二〇〇二年（平成一四）、カラテパ調査で発見された未発表の遺物を展示する「ウズベキスタン考古学新発見展～加藤九祚のシルクロード」が東京、奈良、福岡を巡回。

二〇一〇年（平成二二）、「日本・ウズベキスタン仏教遺跡発掘調査団」（団長）が国際シンポジウム「ウズベキスタンの古代文明及び仏教―日本文化の源流を尋ねて」を東京、奈良で開催（東洋大学、奈良大学共催）。主要講師を務める。

二〇一四年（平成二六）、九十二歳のこの年、七十二年ぶりに韓国慶尚北道に帰郷。

二〇一五年（平成二七）九月、ＮＨＫ・Ｅテレ「こころの時代～宗教・人生～　シリーズ私の戦後70

年―こころの壁を超える」に出演（二〇一六年九月追悼アンコール放送）。

二〇一六年（平成二八）三～五月、ダルベルジンテパにてトルグノフ氏と発掘調査。当初（一九八九年）の発掘調査開始から二十七年目に念願のストゥーパを発見。さらにクシャン国王の円環付銅貨を発見。九月一五日にサマルカンドの学術会議で発表（代読）。

九月三日、「立正大学ウズベキスタン学術調査隊」顧問としてテルメズに入り、発掘調査中に倒れる。九月一一日（日本時間九月一二日）、テルメズの病院で死去。享年九十四。

一九九九年（平成一一）、第九回南方熊楠賞受賞。

二〇〇二年（平成一四）、ウズベキスタン政府より「ドストリク」（友好）勲章、テルメズ市より「名誉市民」章受章。

二〇〇九年（平成二一）、第七回パピルス賞（関記念財団）受賞。

二〇一〇年（平成二二）、外務大臣表彰。

二〇一一年（平成二三）、瑞宝小綬章受章。

【著書】

○『シルクロードの大旅行家たち』一九九九年三月、岩波ジュニア新書

○『テルメズ＝Термез』ショキルジョン・ピダエフと共著、一九九九年、加藤九祚

○『日本人と日本文化の形成』埴原和郎編、上江田正昭ほかと共著、二〇一〇年一月、朝倉書店（一九九三年刊の新装版）
○『完本 天の蛇——ニコライ・ネフスキーの生涯』二〇一一年四月、河出書房新社
○『わたしのシベリア体験から——Das Leben ist gut.』関記念財団編集、二〇一五年一月、関記念財団
○『シルクロードの古代都市——アムダリア遺跡の旅』二〇一三年九月 岩波新書
○『日露異色の群像30——文化・相互理解に尽くした人々［ドラマチック・ロシア in JAPAN］』長塚英雄責任編集、長縄光男ほかと共著、二〇一四年四月、東洋書店
○『新装版 シベリアの歴史』二〇一八年五月、紀伊國屋書店

【編著】
○『アイハヌム2001——加藤九祚一人雑誌』（編著訳）二〇〇一年一一月、東海大学出版会
○『アイハヌム2002——加藤九祚一人雑誌』（編著訳）二〇〇二年一〇月、東海大学出版会
○ワシーリー・パセツキー著『極地に消えた人々——北極探検記』二〇〇二年一〇月、白水社（新装復刊版）
○『アイハヌム2003——加藤九祚一人雑誌』（編著訳）二〇〇三年一一月、東海大学出版会
○『アイハヌム2004——加藤九祚一人雑誌』（編著訳）二〇〇四年一二月、東海大学出版会
○プルジェワルスキー著『黄河源流からロプ湖へ（西域探検紀行選集）』二〇〇四年六月、白水社（一九六七年刊の複製）

○『アイハヌム２００５──加藤九祚一人雑誌』（編著訳）二〇〇五年一〇月、東海大学出版会
○『アイハヌム２００６──加藤九祚一人雑誌』（編著訳）二〇〇六年一二月、東海大学出版会
○『アイハヌム２００７──加藤九祚一人雑誌』（編著訳）二〇〇七年一〇月、東海大学出版会
○『アイハヌム２００８──加藤九祚一人雑誌』（編著訳）二〇〇八年一〇月、東海大学出版会
○『アイハヌム２００９──加藤九祚一人雑誌』（編著訳）二〇〇九年一〇月、東海大学出版会
○『アイハヌム２０１０──加藤九祚一人雑誌』（編著訳）二〇一一年三月、東海大学出版会
○『アイハヌム２０１２──加藤九祚一人雑誌』（編著訳）二〇一二年十二月、東海大学出版会

【翻訳書】
○セルゲイ・オリデンブルグ著『ロシア第一次東トルキスタン調査団報告　１９０９─１９１０』一九九九年三月　オリデンブルグ刊行会
○ショキルジョン・ピダエフ著『ウズベキスタン考古学新発見』今村栄一と共訳、二〇〇二年一〇月、東方出版
○エドヴァルド・ルトヴェラゼ著『考古学が語るシルクロード史──中央アジアの文明・国家・文化』二〇一一年五月、平凡社
○イリヤス・エセンベルリン著『小説遊牧民』（アイハヌム２０１１──加藤九祚一人雑誌）二〇一一年一一月、東海大学出版会
○ショキルジョン・ピダエフ著『ウズベキスタンの仏教文化遺産（立正大学ウズベキスタン学術交流プ

ロジェクトシリーズ1)』今村栄一と共訳、二〇一九年三月、六一書房

論文・その他は省略

(「補遺・その後の履歴」は編集部作成)

主要参考文献

「I　シベリア記」主要文献（本文中に出典を掲げた一部をのぞく）

◇石光真清『誰のために』昭和43年、龍星閣
◇榎本武揚『シベリア日記』昭和14年、南満洲鉄道株式会社総裁室弘報課
◇太田阿山編『福島将軍遺績』昭和16年、東亜協会
◇太田覚眠・戸泉賢龍『西比利亜開教を偲ぶ』昭和14年、本派本願寺教務部
◇太田覚眠『乃木将軍の一逸詩』昭和13年、大乗社
◇太田覚眠『レーニングラード念佛日記』昭和10年、興教書院
◇太田覚眠『露西亜物語』大正14年、丙午出版社
◇大槻玄澤『環海異聞』昭和19年、北光書房
◇外務省欧亜局第一課『日「ソ」交渉史』昭和14年、巌南堂書店
◇加藤九祚編『ユーラシア』第四号、第七号、一九七二―七三年、新時代社
◇黒龍会倶楽部編『国士内田良平伝』昭和42年、原書房
◇鈴木信仁『朝鮮紀聞』明治27年、博文館
◇玉井喜作『シベリア隊商旅行』昭和38年、世界ノンフィクション全集47、筑摩書房
◇藤本幸太郎編『太田覚眠師追想録』昭和38年、私家版

◇プルジェワルスキー著、姉川盤根訳『ウスリー地方の旅』昭和18年、大連日日新聞社
◇細谷千博『シベリア出兵の史的研究』昭和30年、有斐閣
◇丸山国雄『日本北方発展史』昭和17年、水産社
◇南満洲鉄道株式会社総務部調査課『浦潮斯徳商港』大正9年
◇八杉貞利『ろしや路』昭和42年、監修　利久利誓一、図書新聞社
◇山内封介『浦塩と沿海州』昭和18年、日本電報通信社出版部
◇由上治三郎『革命』昭和25年、新日本平和運動総本部
◇高野明『日本とロシア』昭和46年、紀伊國屋書店
Азиатская Россия. 1-2. СПб., 1914.『アジア・ロシア』
АН СССР Институт Этнографии. Народы Сибири. М.-Л., 1956.『シベリアの諸民族』
Владивосток. Сборник исторических документов (1860-1907 гг.). Владивосток, 1960.『ウラジオストク資料集』
Ф.А. Кудрявцев, Г.А. Вендрих. Иркутск. Очерки по истории города. Иркутск, 1958.『イルクーツク史概説』
Н.М. Пржевальский. Путешествие в Уссурийском крае. 1867-1869. Москва, 1947.『ウスリー地方の旅』
Приамурье. Факты, цифры, наблюдения. Москва, 1909.『プリアムーリエ』
П.П. Семенов. Живописная Россия, том 12. Часть вторая. СПб.-М., 1895.『美しきロシア』

なお、第一章は『季刊ユーラシア』（第四号、一九七二年）、第二章は『季刊ユーラシア』（第七号、一九七三年）、第三章は『ソ連出版文化通信』（一九七四年十月号）、第四章は雑誌『文藝春秋』（昭和四十五年八月号）に最初発表したものである。このたび単行本（潮出版社刊の『シベリア記』をさす——編集注）にまとめるにあたり、全面的に手を加えた。

本書は一九八〇年三月に潮出版社より刊行の『シベリア記』を中心に、随想七編および著者自筆の履歴などを集成し、編纂したものです。

※本書の底本は、左記の通り。
・第Ⅰ部および巻末の「主要参考文献」は、『シベリア記』一九八〇年三月一五日、潮出版社。
・第Ⅱ部「ウオツカの効用」「猟犬アブレックの死」「ニーナの思い出」「日本人とシベリア女性」「ユカルギの葬制」「シベリア諸民族と客の歓待」は、『ユーラシア野帳』一九八九年九月二〇日、恒文社（現ベースボール・マガジン社）。
・第Ⅱ部「シベリアの精霊像収集の旅」は、『ユーラシア記』一九八四年一二月一日、法政大学出版局。
・第Ⅲ部「履歴のあらまし――人間関係的試み」は、『創価大学人文論集　第一〇集』〈加藤九祚教授・森岡敬一郎教授退任記念号〉一九九八年三月一日、創価大学人文学会。
※第Ⅰ～Ⅲ部の各扉ページに配置した佐藤清による絵画作品三点は、舞鶴引揚記念館所蔵。
※本文中の注記は新たに編集部で付した。
※本文中の表記は、原則として底本通りとしたが、明らかな誤記・誤植と思われるものは訂正し、読みやすさを考慮して、送り仮名を現在一般に使われている形に変えた部分、読み仮名を加えた箇所がある。
※本文中の一部に今日の人権意識に照らして不適切な語句や表現があるが、発表時の時代背景と、著者が故人であることを併せ考慮して、そのままとした。

画家・佐藤清（さとうきよし　一九二五―二〇一四）の本文掲載作品について
第Ⅰ部扉《深夜の点呼》一日の労働を終えた捕虜たちは、深夜も人数確認を名目に起こされる。
第Ⅱ部扉《望郷の花》咲き始めから立ち枯れても南を向くヒマワリを、捕虜たちはこう呼んだ。
第Ⅲ部扉《白樺の林》シベリアの夏は厳冬の景色から急転し、緑の大地に白樺が美しく立ち並ぶ。

シベリア記――遙かなる旅の原点

2020年 8月 5日　初版第1刷印刷
2020年 8月 15日　初版第1刷発行

著　者　加藤九祚
発行者　森下紀夫
発行所　論 創 社
東京都千代田区神田神保町 2-23　北井ビル
tel. 03（3264）5254　fax. 03（3264）5232　web. http://www.ronso.co.jp/
振替口座　00160-1-155266
組版／フレックスアート
印刷・製本／中央精版印刷
ISBN978-4-8460-1949-5　